educamos·sm

Caro aluno, seja bem-vindo à sua plataforma do conhecimento!

A partir de agora, você tem à sua disposição uma plataforma que reúne, em um só lugar, recursos educacionais digitais que complementam os livros impressos e são desenvolvidos especialmente para auxiliar você em seus estudos. Veja como é fácil e rápido acessar os recursos deste projeto.

1 Faça a ativação dos códigos dos seus livros.

Se você NÃO tiver cadastro na plataforma:

- Para acessar os recursos digitais, você precisa estar cadastrado na plataforma educamos.sm. Em seu computador, acesse o endereço <**br.educamos.sm**>.
- No canto superior direito, clique em "**Primeiro acesso? Clique aqui**". Para iniciar o cadastro, insira o código indicado abaixo.
- Depois de incluir todos os códigos, clique em "**Registrar-se**" e, em seguida, preencha o formulário para concluir esta etapa.

Se você JÁ fez cadastro na plataforma:

- Em seu computador, acesse a plataforma e faça o *login* no canto superior direito.
- Em seguida, você visualizará os livros que já estão ativados em seu perfil. Clique no botão "**Adicionar livro**" e insira o código abaixo.

Este é o seu código de ativação! →

DWR9G-N3KBR-AXQ2P

2 Acesse os recursos.

Usando um computador

Acesse o endereço <**br.educamos.sm**> e faça o *login* no canto superior direito. Nessa página, você visualizará todos os seus livros cadastrados. Para acessar o livro desejado, basta clicar na sua capa.

Usando um dispositivo móvel

CB123916

Instale o aplicativo **educamos.sm**, que está disponível gratuitamente na loja de aplicativos do dispositivo. Utilize o mesmo *login* e a mesma senha da plataforma para acessar o aplicativo.

Importante! Não se esqueça de sempre cadastrar seus livros da SM em seu perfil. Assim, você garante a visualização dos seus conteúdos, seja no computador, seja no dispositivo móvel. Em caso de dúvida, entre em contato com nosso canal de atendimento pelo **telefone 0800 72 54876** ou pelo ***e-mail* atendimento@grupo-sm.com**.

BRA219718_525

sm

Rumos da Arte 8º Ano. - Ensino Fundamental: Ancs Finais - Livro Digital do Aluno - 2ª Edição 2024

RUMOS DA ARTE 8

Ensino Fundamental | Anos finais | 8º ano
Componente curricular: Arte

MARIANA LIMA MUNIZ
Título Superior em Teatro pela Real Escuela Superior de Arte Dramático de Madrid (Espanha).
Doutora em Teatro pela Universidad de Alcalá (Espanha).
Professora da Escola de Belas Artes da Universidade Federal de Minas Gerais (UFMG).
Autora de livro didático de Arte.
Atriz e diretora teatral.

MAURILIO ROCHA
Estudos Avançados em Ciências Musicais pela Faculdade de Ciências Sociais e Humanas da Universidade Nova de Lisboa (Portugal).
Pós-doutor pelo Instituto de Etnomusicologia da Faculdade de Ciências Sociais e Humanas da Universidade Nova de Lisboa e pela Escola Superior de Teatro e Cinema do Instituto Politécnico de Lisboa (Portugal).
Professor da Escola de Belas Artes da UFMG.
Autor de livro didático de Arte.
Músico.

RODRIGO VIVAS
Licenciado em História pelo Instituto de Ciências Humanas e Sociais da Universidade Federal de Ouro Preto (UFOP).
Mestre em História pela UFMG.
Doutor em História da Arte pela Universidade Estadual de Campinas (Unicamp).
Professor da Escola de Belas Artes da UFMG.
Diretor de Ação Cultural da UFMG.
Membro da Associação Brasileira de Críticos de Arte.

ANA CRISTINA CARVALHO PEREIRA
Licenciada em Pedagogia pelo Centro Universitário de Belo Horizonte (UniBH).
Mestra em Educação Tecnológica (Linguagem e Cognição) pelo Centro Federal de Educação Tecnológica de Minas Gerais (Cefet-MG).
Doutora em Estudos Linguísticos pela UFMG.
Professora da Escola de Belas Artes da UFMG.
Maître, bailarina e coreógrafa.

São Paulo, 2ª edição, 2022

sm

Rumos da Arte 8

Direção editorial Cláudia Carvalho Neves
Gerência editorial Lia Monguilhott Bezerra
Gerência de *design* e produção André Monteiro
Edição executiva Ana Luiza Couto
Edição: Joana Junqueira Borges, Luana Satiko Hirata
Assistência de edição: Natália Feulo
Suporte editorial: Fernanda de Araújo Fortunato
Coordenação de preparação e revisão Cláudia Rodrigues do Espírito Santo
Preparação e revisão: Clara Fernandes, Renata Tavares
Coordenação de *design* Gilciane Munhoz
***Design*:** Paula Maestro
Coordenação de arte Andressa Fiorio
Edição de arte: João Negreiros
Assistência de produção: Júlia Stacciarini Teixeira
Coordenação de iconografia Josiane Laurentino
Pesquisa iconográfica: Bianca Fanelli
Tratamento de imagem: Marcelo Casaro
Capa Paula Maestro
Ilustração da capa: Heitor Kimura
Imagens de capa: CREATISTA/Shutterstock.com/ID/BR
Xaxas/Shutterstock.com/ID/BR
RafikovaYana/Shutterstock.com/ID/BR
Marcio Jose Bastos Silva/Shutterstock.com/ID/BR
Projeto gráfico Matheus Spada Zati, Simone Scaglione
Pré-impressão Américo Jesus
Fabricação Alexander Maeda
Impressão Bartira

Em respeito ao meio ambiente, as folhas deste livro foram produzidas com fibras obtidas de árvores de florestas plantadas, com origem certificada.

Dados Internacionais de Catalogação na Publicação (CIP)
(Câmara Brasileira do Livro, SP, Brasil)

Rumos da arte : 8º ano : ensino fundamental : anos finais / Mariana Lima Muniz... [et al.]. -- 2. ed. -- São Paulo : Edições SM, 2022.

Outros autores: Maurilio Rocha, Rodrigo Vivas, Ana Cristina Carvalho Pereira
Componente curricular: Arte.
ISBN 978-85-418-2857-4 (aluno)
ISBN 978-85-418-2858-1 (professor)

1. Arte (Ensino fundamental) I. Muniz, Mariana Lima. II. Rocha, Maurilio. III. Vivas, Rodrigo. IV. Pereira, Ana Cristina Carvalho.

22-112153 CDD-372.5

Índice para catálogo sistemático:
1. Arte : Ensino fundamental 372.5

Cibele Maria Dias - Bibliotecária - CRB-8/9427

2ª edição, 2022
1ª impressão, setembro 2023

SM Educação
Avenida Paulista, 1842 – 18º andar, cj. 185, 186 e 187 – Condomínio Cetenco Plaza
Bela Vista 01310-945 São Paulo SP Brasil
Tel. 11 2111-7400
atendimento@grupo-sm.com
www.grupo-sm.com/br

Apresentação

Caro(a) estudante,

Nosso dia a dia está repleto de desafios, que nos levam a buscar soluções inteligentes e criativas para superá-los. A arte é uma área do conhecimento que desenvolve a criatividade, a imaginação, a comunicação verbal e não verbal e a habilidade de interação entre as pessoas. Por meio da arte, podemos encontrar formas diferentes de expressar e comunicar nossas ideias, sentimentos e sensações, utilizando, para isso, cores, texturas, linhas, gestos, palavras e sons.

Nesta coleção, vamos explorar materialidades, técnicas e processos criativos da arte por meio de experiências com o fazer artístico. Também vamos conhecer os contextos histórico, social e cultural das produções artísticas contemporâneas e de outras épocas no Brasil e no mundo, identificando as diversas matrizes estéticas e culturais que as compõem. Com a produção e a contextualização, vamos desenvolver a leitura de obras produzidas tanto por artistas profissionais como por você e seus colegas de classe. Dessa forma, trabalharemos a experiência prática em arte, o conhecimento sobre arte e a habilidade de apreciar manifestações artísticas em suas diversas linguagens: visual e audiovisual, cênica (teatro, dança e circo) e musical.

Esperamos que o aprofundamento no universo da arte contribua para a ampliação do seu olhar sobre a produção artística da sua comunidade, do seu país e do mundo. Também pretendemos que, pelo contato com a arte na escola por meio desta obra, você vivencie o fazer artístico de forma contextualizada, desenvolvendo habilidades que vão contribuir para o exercício pleno da cidadania, para uma qualidade de vida melhor e para a continuidade de seus estudos e posterior atuação profissional.

Os autores

Conheça seu livro

Este é seu livro de Arte, e ele vai acompanhá-lo durante todo o ano letivo. Vamos conhecê-lo?

Trocando ideias

No início da Unidade, esta seção pretende explorar suas opiniões e seus conhecimentos prévios sobre os conteúdos que serão abordados.

Abertura de Unidade

Imagem e texto introduzem o assunto de cada Unidade.

Glossário

Apresenta o significado de expressões e palavras destacadas ao longo do texto.

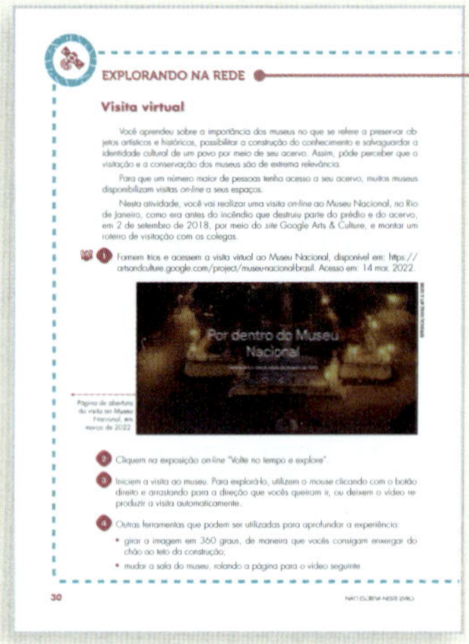

Explorando na rede

Atividade de pesquisa para você investigar informações na internet.

Outras vozes

Reportagens e entrevistas com artistas para você conhecer seus processos criativos, opiniões e rotinas.

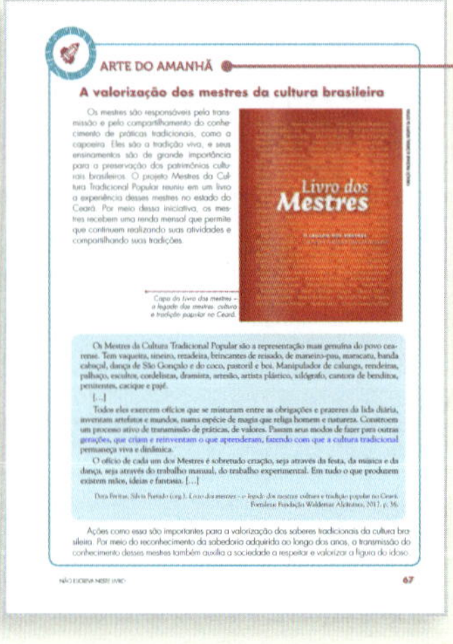

Arte do amanhã

Seção que trata de temas que revelam como a arte contribui para a construção de um futuro mais democrático, sustentável e igualitário.

Veja o que os ícones da coleção representam:

- Atividade em grupo
- Atividade oral
- Áudio

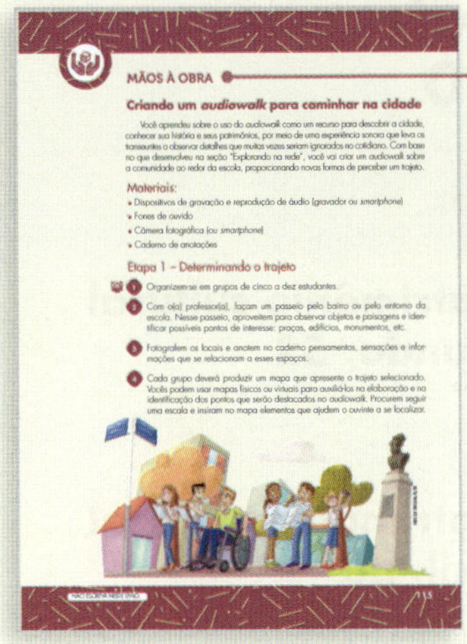

MÃOS À OBRA

Criando um *audiowalk* para caminhar na cidade

Mãos à obra

Seção em que são propostas atividades práticas relacionadas às diferentes linguagens artísticas.

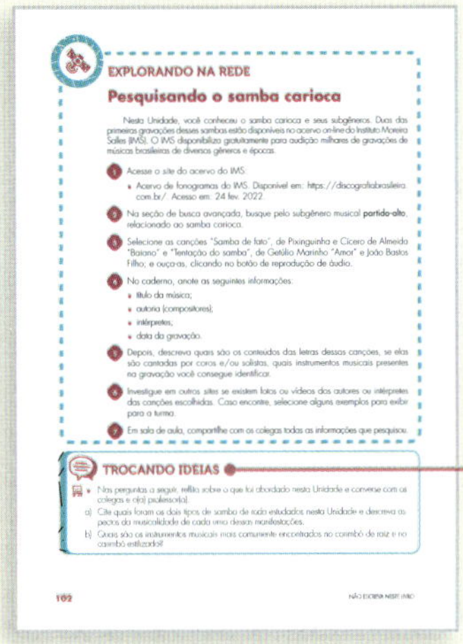

EXPLORANDO NA REDE

Pesquisando o samba carioca

TROCANDO IDEIAS

Trocando ideias

No final da Unidade, esta seção pretende evidenciar os conhecimentos que você desenvolveu sobre os conteúdos apresentados.

ATIVIDADES

Dança do lili

Atividades

Seção com atividades que vão auxiliar você na compreensão dos conteúdos trabalhados.

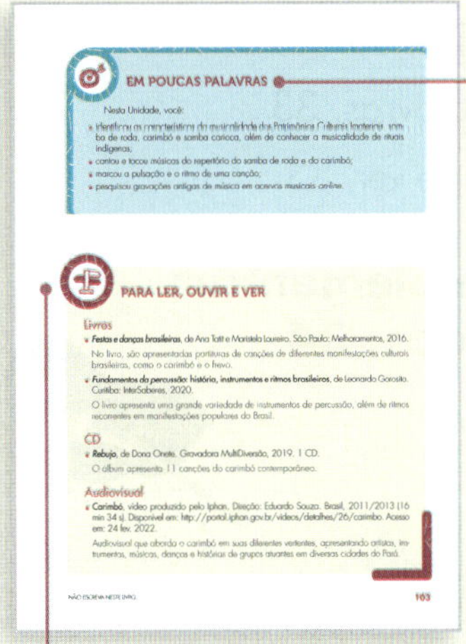

EM POUCAS PALAVRAS

PARA LER, OUVIR E VER

Em poucas palavras

Seção em que você vai revisar os conteúdos estudados na Unidade.

ATIVIDADE COMPLEMENTAR:

ARTES INTEGRADAS

Atividade complementar: Artes integradas

Você vai explorar e investigar novos conhecimentos para construir e criar em uma atividade que envolve duas ou mais linguagens artísticas.

Para ler, ouvir e ver

Indicações de filmes, livros, *sites* e músicas relacionados aos conteúdos estudados na Unidade.

Sumário

1 O patrimônio cultural, 8

2 Dança e patrimônio cultural, 50

PEDRO HAMDAN/ID/BR

PEDRO HAMDAN/ID/BR

UNIDADE 1 O PATRIMÔNIO CULTURAL

Quando entramos em contato com objetos, construções, celebrações ou lugares que fizeram parte de nossa vida em algum momento do passado, podemos nos recordar de diversos eventos, sentimentos e pessoas. Eles estão relacionados a nossa memória.

O Centro Histórico da cidade de São Luís, capital do Maranhão, é reconhecido como um patrimônio cultural, pois suas construções apresentam detalhes arquitetônicos e artísticos que são considerados importantes para a preservação da memória da localidade. Existem muitos casarões em seu conjunto arquitetônico, como o apresentado na foto que abre esta Unidade, que são revestidos externamente por azulejos de estilo tradicional português. Tal modelo de construção está relacionado ao período colonial, quando os portugueses trouxeram seus costumes e sistemas de valores, implantando-os e adaptando-os ao território brasileiro. No caso das fachadas dos casarões, o revestimento com azulejos, vindos da metrópole portuguesa, tinha também o propósito de refrescar os ambientes, uma maneira de lidar com as altas temperaturas da região. Como patrimônio cultural, esses casarões devem ser preservados pelos cidadãos e por instituições governamentais.

Nesta Unidade, o conceito de patrimônio cultural será apresentado e discutido em seus aspectos tanto materiais como imateriais.

TROCANDO IDEIAS

- Observe a imagem, converse com os colegas e o(a) professor(a) e responda às perguntas a seguir.

a) Você guarda algum objeto por uma razão especial? A conservação dele é uma preocupação sua? Descreva esse objeto e explique as razões de mantê-lo preservado.

b) Em sua comunidade ou região existe celebração, construção, monumento ou tradição que seja um patrimônio cultural? Por que razão você acha que esse elemento foi preservado?

c) Existe algum museu em sua cidade ou comunidade? Você já o visitou? Havia alguma coleção sendo exposta? Descreva sua experiência.

ANDRE DIB/PULSAR IMAGENS

Casarões coloniais, dois deles com fachada de azulejos no centro histórico de São Luís (MA). Foto de 2020.

1 Diferentes tipos de patrimônio cultural

A memória de uma comunidade pode ser preservada e marcada de diversas maneiras.

Os monumentos a pessoas ou a eventos históricos, a criação de datas comemorativas, a preservação de elementos arquitetônicos, a realização de celebrações tradicionais e a transmissão de conhecimentos, saberes e modos de fazer artesanais são algumas das muitas possibilidades de se preservar essa memória. Tais elementos precisam do suporte de instituições governamentais para serem preservados, partilhados e visitados; em outras palavras, para continuarem existindo. A classificação de determinados locais, práticas, objetos e celebrações como patrimônios culturais dá a esses elementos a proteção do Estado.

Portanto, o patrimônio cultural se refere aos bens que transmitem a memória e a identidade de grupos humanos. Tais bens podem ser de natureza material ou imaterial e, ao serem tombados, ou seja, registrados como patrimônios, devem receber proteção e meios que assegurem sua preservação. Para a proteção do patrimônio cultural brasileiro, existe um órgão do Estado que determina o que deve ser preservado e que, junto às instâncias da sociedade civil, busca medidas para garantir essa preservação.

MUNIQUE BASSOLI/PULSAR IMAGENS

O sítio arqueológico de São Miguel Arcanjo contém construções remanescentes de uma missão jesuítica dos séculos XVII e XVIII. Por seu valor histórico, arqueológico e arquitetônico, tornou-se um patrimônio cultural brasileiro. São Miguel das Missões (RS). Foto de 2017.

No Brasil pode-se destacar como o órgão máximo de proteção ao patrimônio o Instituto do Patrimônio Histórico e Artístico Nacional (Iphan), associado ao Ministério do Turismo. Seu papel é proteger e promover os bens culturais do país, garantindo que estes sejam mantidos para as gerações futuras. Esse órgão conserva, monitora e **salvaguarda** os bens culturais brasileiros.

Salvaguardar: proteger; assegurar, dar garantias a.

Etnográfico: termo que se refere à área da etnografia, que estuda a cultura dos povos nas dimensões da língua, da religião, dos costumes e dos demais aspectos culturais.

> [...] o Artigo 216 da Constituição [de 1988] conceitua patrimônio cultural como sendo os bens "de natureza material e imaterial, tomados individualmente ou em conjunto, portadores de referência à identidade, à ação, à memória dos diferentes grupos formadores da sociedade brasileira".
>
> Nessa redefinição promovida pela Constituição, estão as formas de expressão; os modos de criar, fazer e viver; as criações científicas, artísticas e tecnológicas; as obras, objetos, documentos, edificações e demais espaços destinados às manifestações artístico-culturais; os conjuntos urbanos e sítios de valor histórico, paisagístico, artístico, arqueológico, paleontológico, ecológico e científico.
>
> Iphan. Patrimônio cultural. Disponível em: http://portal.iphan.gov.br/pagina/detalhes/218. Acesso em: 21 fev. 2022.

O patrimônio material pode ser de origem arqueológica, histórica, paisagística e **etnográfica**, e inclui as produções de artes visuais e de arquitetura. Alguns exemplos de bens que se caracterizam como patrimônio material são obras de arte, cidades históricas, sítios arqueológicos, coleções arqueológicas e acervos museológicos, documentais, bibliográficos, arquivísticos, videográficos, fotográficos e cinematográficos, entre outros.

JOÃO PRUDENTE/PULSAR IMAGENS

A cidade de Diamantina (MG) preserva construções que datam do período colonial; por seu valor histórico, é um patrimônio cultural brasileiro. Foto de 2016.

Definem-se como patrimônio imaterial os bens culturais referentes aos saberes, às crenças, às celebrações, às habilidades e às práticas culturais de determinado lugar ou grupo social. Pode ser o modo de fazer um artesanato tradicional, uma dança em um ritual indígena, a configuração (vestuário, adereços, música, personagens, espaço) de uma festa, uma prática musical, etc. Por exemplo, o ofício das baianas de acarajé é considerado um patrimônio imaterial, pois se trata de uma prática cotidiana e tradicional comum a um grupo de mulheres da Bahia que mantém a memória do modo de fazer acarajé e vendê-lo em tabuleiros.

FABIO COLOMBINI/ACERVO DO FOTÓGRAFO

Baiana com a indumentária típica vende acarajé em tabuleiro. Salvador (BA). Foto de 2018.

No volume 7 desta coleção, você viu alguns exemplos de práticas relacionadas às artes visuais que são patrimônios imateriais, como o modo de fazer das cuias de Santarém, no estado do Pará. Existem muitos outros exemplos, como o modo de fazer da renda irlandesa, uma técnica utilizada pelas rendeiras de Divina Pastora, cidade localizada na região leste de Sergipe. Esse modo de fazer foi reconhecido como patrimônio cultural imaterial pelo Iphan em 2009.

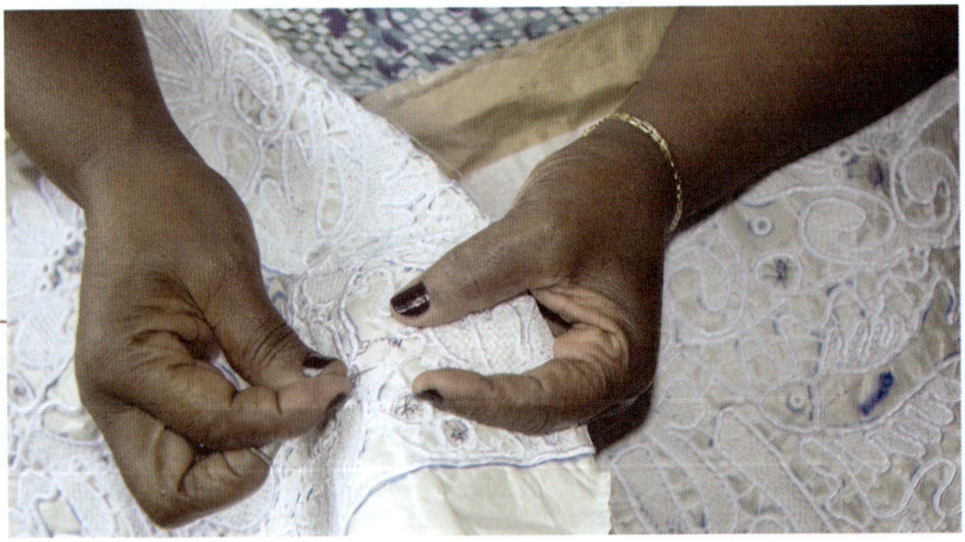

DELFIM MARTINS/PULSAR IMAGENS

Rendeira utiliza a técnica da renda irlandesa. É muito comum encontrar padrões florais nesse tipo de produção. Divina Pastora (SE). Foto de 2018.

Outro exemplo de patrimônio imaterial é a Festa do Divino Espírito Santo, uma celebração religiosa do catolicismo popular que acontece em várias localidades do Brasil, como cidades da Bahia, de Minas Gerais, de Santa Catarina, do Mato Grosso, de Rondônia, de São Paulo e de outros estados. A Festa do Divino, em Pirenópolis, no estado de Goiás, foi registrada como patrimônio cultural imaterial em 2010. Nessa celebração, os moradores da comunidade produzem adereços e enfeites para as casas da cidade, e até carros alegóricos, enriquecendo visualmente o evento, para o qual também são produzidas fantasias e máscaras utilizadas durante as encenações e as **cavalhadas**.

A diversidade simbólica da Festa do Divino reflete as influências de nossas matrizes culturais e o **sincretismo** típico de festas e manifestações populares. Junto ao valor cultural e ao reconhecimento do festejo como patrimônio, o conjunto arquitetônico, urbanístico, paisagístico e histórico da cidade de Pirenópolis, composto de casarões, ruas e igrejas de arquitetura colonial, foi tombado pelo Iphan em 1990.

Cavalhada: folguedo no qual cavaleiros encenam uma sequência de jogos e representações, relembrando as tradições medievais da Europa.

Sincretismo: fusão de doutrinas espirituais, filosóficas e religiosas distintas.

CAVAN-IMAGES/SHUTTERSTOCK.COM/ID/BR

As personagens mascaradas, em fantasias que evocam a imagem de animais como o boi, estão presentes nas encenações da Festa do Divino em Pirenópolis (GO) como maneira de afastar maus espíritos. Foto de 2020.

Patrimônio mundial

Unesco: entidade da Organização das Nações Unidas responsável pela preservação do patrimônio cultural de seus países-membros. Na tradução do inglês para o português, a sigla significa Organização das Nações Unidas para a Educação, a Ciência e a Cultura.

Além de ser categorizado como imaterial ou material, um patrimônio cultural pode ser reconhecido como patrimônio mundial pela **Unesco**. Receber esse título é uma grande conquista para um bem cultural ou natural de determinado lugar, pois o esforço de preservação não é apenas local, mas internacional, por esse bem ser considerado pertencente a todos os povos do mundo.

Um exemplo é o Centro Histórico de Olinda (PE), que corresponde a quase um terço do município e se tornou Patrimônio Mundial em 1982. A área é conhecida pelo estilo arquitetônico e artístico barroco, que foi utilizado nas construções após a expulsão dos holandeses, em 1654. Quando os luso-brasileiros retomaram Pernambuco, as igrejas datadas do período holandês foram reconstruídas e reformadas, e assim a estética barroca passou a ser aplicada.

Na pintura a seguir, do artista holandês Frans Post (1612-1680), podemos ver a igreja de São Cosme e São Damião no município de Igaraçu, em Pernambuco, tombada pelo Iphan em 1951. Sua construção se iniciou em 1535, sob o domínio português, e sofreu modificações no contexto de disputas e invasões territoriais ocorridas ao longo dos séculos XVI e XVII.

COLEÇÃO PARTICULAR. FOTOGRAFIA: ID/BR

Frans Post. *Igreja de São Cosme e São Damião em Igaraçu*, 1665. Óleo sobre madeira, 65 cm × 83,3 cm.

Antes de 1630, no período da ocupação holandesa, a arquitetura das igrejas reproduzia o estilo clássico, tendência artística que precede o Barroco e se caracteriza por harmonia e proporção entre as partes, com a presença de elementos como a **portada** em forma de arco, sustentada lateralmente por colunas, e o **frontão**, erguido na parte de cima.

Com a retomada da administração portuguesa, após a expulsão dos holandeses, o estilo barroco passou a ser utilizado de forma mais recorrente na arquitetura das igrejas nas cidades coloniais pernambucanas, como é o caso da igreja de Nossa Senhora do Rosário dos Homens Pretos de Goiana, tombada pelo Iphan como Patrimônio Histórico Nacional em 1938.

Portada: porta de grande dimensão com ornamentos e relevos.

Frontão: peça arquitetônica de forma triangular presente no topo da fachada principal de um edifício.

Frontispício: formação decorativa da parte frontal de uma construção.

ABEL LIMA/FOTOARENA

Igreja de Nossa Senhora do Rosário dos Homens Pretos de Goiana (PE). Foto de 2022.

No Barroco, os elementos arquitetônicos como **frontispícios**, torres e altares conferem grande exuberância para a construção, resultando em uma composição mais rebuscada. Além de Pernambuco, podemos encontrar uma quantidade significativa de igrejas com arquitetura barroca em estados brasileiros como Minas Gerais, Rio de Janeiro, Bahia e Paraíba.

O estado de Pernambuco também se destaca por seus patrimônios imateriais relacionados ao Carnaval de rua. Entre eles estão o frevo, o maracatu nação (ou maracatu de baque virado) e o maracatu de baque solto (ou maracatu rural), que envolvem expressões artísticas como dança, música, poesia, entre outras.

A cidade de Olinda, por sua vez, não é apenas palco desse Carnaval, mas também Patrimônio Mundial pela Unesco, devido à preservação de construções que datam do período colonial brasileiro. Na imagem a seguir, podemos observar os casarões que foram preservados e o desfile de bonecos gigantes do Carnaval. A confecção desses bonecos é realizada por artistas e moradores conhecidos como **bonequeiros**, que costumam aprender a produzi-los e desfilar com eles desde crianças, partilhando e mantendo viva parte dessa cultura até hoje.

LEO CALDAS/AFP

Desfile dos bonecos gigantes em Olinda (PE). Foto de 2018.

Outro exemplo de Patrimônio Mundial brasileiro é o Parque Nacional da Serra da Capivara, localizado no estado do Piauí, que forma o maior conjunto de sítios arqueológicos do continente americano, com as datações mais antigas até então conhecidas. Os sítios arqueológicos são áreas em que vestígios como fragmentos de artefatos, pinturas rupestres e fósseis são encontrados em quantidades significativas.

No Parque Nacional Serra da Capivara foram encontrados esqueletos humanos, cerâmicas, artefatos de pedra e inúmeras pinturas rupestres que nos permitem interpretar como era o cotidiano do homem americano no período pré-histórico. O parque foi declarado Patrimônio Mundial pela Unesco em 1991 e tem diversas áreas abertas à visitação.

MOISES SABA/TYBA

Visitante no Parque Nacional Serra da Capivara (PI). Foto de 2018.

Patrimônio natural

Abordamos até agora a importância de preservar nossos patrimônios culturais. Mas, ao falar em preservação, logo nos lembramos de outro tema discutido mundialmente na sociedade: a **preservação ambiental**, ou seja, o ato de proteger a natureza de ações do homem que possam danificar, destruir ou prejudicar espécies de plantas e animais. Nesse sentido, o patrimônio natural corresponde a áreas naturais que apresentam características notáveis e que devem ser preservadas, protegendo-se a fauna e a flora para as futuras gerações. Como o Brasil é um país de extensão continental, temos vários tipos de formações geológicas, assim como diversidades animal e vegetal tombadas como patrimônio natural.

CAVAN IMAGES/ALAMY/FOTOARENA

Complexo de Conservação da Amazônia Central. Parque Nacional de Anavilhanas (AM). Foto de 2020.

A imagem apresenta uma dessas formações, que compreende a grande área da Bacia Amazônica, localizada no estado do Amazonas. Essa é uma das regiões mais ricas do planeta em termos de **biodiversidade**, onde vive, por exemplo, a maior variedade de peixes elétricos do mundo.

No Brasil, a Unesco reconhece sete sítios como Patrimônio Mundial Natural. São eles: Parque Nacional do Iguaçu, no Paraná; Reservas da Mata Atlântica da Costa do Descobrimento, no sul da Bahia e norte do Espírito Santo; Reservas da Mata Atlântica do Sudeste, nos estados de São Paulo e Paraná; Área de Conservação do Pantanal, em Mato Grosso e Mato Grosso do Sul; Complexo de Conservação da Amazônia Central, nos estados do Amazonas e de Roraima; Ilhas Atlânticas Brasileiras: Fernando de Noronha e Atol das Rocas; e Áreas Protegidas do Cerrado: Parques Nacionais da Chapada dos Veadeiros e das Emas, em Goiás.

Biodiversidade: conjunto de todos os seres vivos existentes em determinada região ou época.

EXPLORANDO NA REDE

Um mergulho pelos patrimônios brasileiros

Nesta seção, você vai explorar *sites* na internet para conhecer informações sobre os patrimônios materiais e imateriais do Brasil.

1. Acesse um buscador na internet e faça uma pesquisa relativa aos patrimônios materiais e imateriais da região em que se localiza a escola.

A capoeira, além de ser reconhecida pelo Iphan, também é nomeada Patrimônio Cultural Imaterial da Humanidade pela Unesco, sendo considerada uns dos símbolos brasileiros. Roda de capoeira angola, em Vera Cruz (BA). Foto de 2019.

2. Navegue pelos conteúdos que você encontrar, certificando-se de que sejam fontes confiáveis. Busque por artigos científicos e por *sites* oficiais para fazer sua pesquisa. Verifique se é possível encontrar fotos, vídeos e notícias, entre outras informações.

3. Identifique os patrimônios materiais e imateriais apresentados nos *sites* e artigos escolhidos para a pesquisa.

4. Entre os patrimônios imateriais e materiais identificados por você, escolha um de cada categoria para pesquisar mais detalhadamente.

5. No caderno, reúna as seguintes informações sobre cada patrimônio escolhido:
   - nome do patrimônio;
   - estados em que está localizado ou é praticado;
   - informações sobre marcos temporais relacionados ao patrimônio (origens, eventos históricos, tempo de existência, etc.);
   - categoria (material ou imaterial);
   - ano em que se tornou um patrimônio;
   - características que tornam esse bem um patrimônio;
   - a importância desse reconhecimento para os habitantes da região ou para a humanidade como um todo;
   - uma ou mais imagens do patrimônio.

6. Compartilhe com a turma as informações recolhidas.

7. Troque ideias com os colegas sobre os trabalhos realizados. Juntos, conversem sobre como foi o processo de pesquisa, quais fatores motivaram as escolhas dos patrimônios estudados, o que acharam de mais interessante na investigação, e se já conheciam algumas das informações levantadas ou se foram surpreendidos com o conteúdo acessado na internet.

8. Formule um panfleto informativo com as principais características dos patrimônios pesquisados.

9. O panfleto deve conter:
   - título destacando a temática apresentada;
   - fotos que despertem o interesse do leitor e apresentem os patrimônios;
   - um texto sucinto que resuma as principais características dos patrimônios (localização, contexto histórico, importância para a comunidade), assim como as razões pelas quais as pessoas devem conhecê-los e preservá-los.

10. O panfleto pode ser confeccionado em um computador ou pode ser feito à mão em uma folha de papel avulsa A4.

11. Imprima ou faça cópias do folheto e distribua aos estudantes das outras turmas e aos funcionários da escola.

As mudanças na concepção de patrimônio cultural

Um dos componentes que organizam nossa identidade é a relação construída entre a memória e a história. A memória coletiva, referente a toda população de uma comunidade, região ou país, pode ser construída com base na escolha de elementos da história a serem relembrados em datas comemorativas, monumentos, nomes de ruas, praças e escolas e na preservação patrimonial.

O patrimônio está profundamente relacionado com a memória, pois preserva as características de um elemento cultural, histórico, arqueológico e natural para que seja conhecido por diferentes gerações e grupos sociais. No Brasil, por muitos anos, a determinação de patrimônio era restrita a bens materiais que muitas vezes estavam conectados com a memória oficial do país, ou seja, personagens e momentos relacionados à história política e econômica. Tal determinação desconsiderava elementos representativos da memória de grupos sociais que foram marginalizados dessa narrativa oficial.

A ampliação do conceito de patrimônio cultural para além dos bens materiais, na Constituição brasileira de 1988, incluindo hábitos, modos de fazer, rituais e outros elementos imateriais, foi uma importante conquista para abranger melhor nossa diversidade cultural. Tal ampliação permitiu que práticas tradicionais de comunidades que não se encontravam representadas em monumentos, por exemplo, fossem valorizadas e salvaguardadas.

É o caso do jongo, manifestação cultural praticada, especialmente, em comunidades quilombolas da Região Sudeste do Brasil. A prática envolve música, dança e uma relação intensa com as **línguas bantas** e com as crenças e tradições africanas. O jongo foi desenvolvido em terras brasileiras pelos escravizados, trazidos à força de diferentes localidades da África para trabalhar nas lavouras de café e cana-de-açúcar. Atualmente, a manifestação representa uma maneira de louvar os antepassados, afirmando as identidades afro-brasileiras.

Línguas bantas: família linguística que agrega cerca de seiscentas línguas faladas, especialmente no continente africano, ao sul da Linha do Equador. Muitos dos africanos que foram trazidos ao Brasil durante o sistema escravista falavam línguas bantas.

Os quilombolas reivindicam constantemente o reconhecimento de suas memórias e tradições. Os quilombos são espaços que marcam a resistência ao sistema escravocrata durante o período colonial e imperial no Brasil. Portanto, muitas das tradições e dos modos de vida dos quilombolas são herança desse período e resistem à marginalização e ao preconceito racial, luta que dura até hoje.

LUCIANA WHITAKER/PULSAR IMAGENS

Grupo de jongo no Quilombo Boa Esperança, em Presidente Kennedy (ES). Foto de 2019. O jongo tornou-se um patrimônio imaterial pelo Iphan em 2005.

OUTRAS VOZES

O grupo cultural Jongo da Serrinha foi criado pelo jongueiro Darcy Monteiro (1932-2001) e sua mãe, Maria Joana Rezadeira (1902-1986). Originalmente, o grupo realizava apresentações artísticas, mas hoje sua atuação se expande para ações culturais e educacionais, promovendo a preservação do jongo. O grupo também desenvolve a formação profissional de jongueiros.

1 Leia a seguir os trechos da reportagem de Rosana Freitas sobre Tia Maria do Jongo (1921-2019), a jongueira mais antiga do Jongo da Serrinha e que auxiliou na idealização do grupo. Depois, discuta a leitura com os colegas e o(a) professor(a).

> [...] Ao final da reza, já bem tarde, [Vovó Maria Joana] colocava as crianças para dormir – porque só os mais velhos podiam participar das rodas – e dava início ao jongo. Mas nem sempre as crianças respeitavam, era comum ficarem olhando pelas frestas os mais velhos dançando e no dia seguinte imitarem o que tinham visto brincando de jongo. Entre essas crianças estava seu filho, Mestre Darcy, e Tia Maria.
>
> Com o tempo, os jongueiros mais velhos foram morrendo, os mais novos não tinham acesso às rodas e as festas foram ficando cada vez mais raras. Na década de 1960, Vovó Maria Joana decidiu então criar um grupo profissional de Jongo para disseminar a cultura. Ela contou com a ajuda de Mestre Darcy e, entre os convidados para ingressarem no projeto, estavam Tia Maria e sua irmã, Tia Eulália.
>
> A criação do grupo teve a intenção de levar o jongo para fora da Serrinha e também fazer com que as crianças participassem e aprendessem. Foi no quintal de Tia Maria que a vontade de Vovó Maria Joana se concretizou. Ela conta [...] que sua casa sempre foi muito cheia de crianças e afirma: "o jongo com as crianças nasceu aqui". Mestre Darcy começou a levar os tambores para o quintal de Tia Maria e juntos eles cantavam e dançavam incentivando as crianças a participarem.
>
> Rosana Freitas. Tia Maria do Jongo e a conservação da cultura ancestral. *MultiRio*, 24 jul. 2020. Disponível em: http://www.multirio.rj.gov.br/index.php/leia/reportagens-artigos/reportagens/16326-tia-maria-do-jongo-e-a-conserva%C3%A7%C3%A3o-da-cultura-ancestral. Acesso em: 22 fev. 2022.

2 Qual era a relação de Tia Maria com o jongo durante sua infância?

3 Qual foi a inovação do grupo que auxiliou na preservação da tradição do jongo?

ALCINO GIANDINOTO/ACERVO DO FOTÓGRAFO

Tia Maria do Jongo em prática do Grupo Cultural Jongo da Serrinha. Rio de Janeiro (RJ). Foto de 2014.

MÃOS À OBRA

Representação visual de nossos patrimônios

Nesta Unidade, você está aprendendo sobre patrimônio material e imaterial e a importância de sua preservação para a memória de uma comunidade. No Brasil há muitas celebrações e saberes que fazem parte de nossa cultura, interagem com o ambiente onde ocorrem e constroem a identidade das comunidades envolvidas.

Agora, você vai ter a chance de se aproximar de alguma manifestação cultural de sua comunidade e recriar alguns de seus elementos, de modo a conferir a eles sua visão.

Materiais:

- Argila (ou massa de modelar)
- Tinta guache de cores variadas
- Lantejoulas de cores variadas
- Meio copo de água
- Uma sacola plástica

1. Reúna-se com os colegas e o(a) professor(a) para refletir sobre as celebrações e festividades de sua comunidade:
   - Há uma data específica para elas acontecerem?
   - A realização desses eventos envolve a criação de adereços, fantasias, decorações e representações de personagens características?

2. Após a participação de todos, criem uma lista coletiva dos elementos visuais que considerem interessantes. A ideia é utilizar a argila para representá-los visualmente por meio de esculturas e outras peças.

FABIO EIJI SIRASUMA/ID/BR

3 Estenda a sacola plástica sobre a mesa, de modo que você possa trabalhar com a argila sem sujar a superfície.

4 Utilizando a argila, faça modelagens dos elementos visuais listados no item 2. Elas podem ser representações fiéis desses elementos ou interpretações deles. Você pode modelar uma personagem ou um símbolo de uma manifestação, por exemplo.

5 Para usar a argila é necessário umedecê-la conforme você a manipula. Tome cuidado para não colocar água demais, pois assim ela pode ficar muito amolecida. Uma alternativa é molhar os dedos conforme for moldando a argila.

6 Você também pode usar lantejoulas para decorar a peça.

FABIO EIJI SIRASUMA/ID/BR

7 Terminada a modelagem, espere a argila secar por pelo menos 24 horas. Depois de seca, utilize a tinta guache para pintá-la.

8 Compartilhe o resultado com a turma e conte como foi sua experiência: Por que você escolheu essa figura? Como foi o processo de decorá-la com lantejoulas e pintá-la com tintas de cores diferentes?

9 Ao final, os trabalhos devem ser reunidos em um espaço expositivo para que todos da escola possam conhecê-los.

MÃOS À OBRA

Seleção, classificação e catalogação de um patrimônio

Nesta seção, você vai selecionar monumentos, praças, edifícios antigos, esculturas, objetos, práticas, festas ou rituais que tenham grande valor cultural (artístico, histórico, arqueológico, etnográfico) e que sejam patrimônios na comunidade em que vive. Em seguida, vai desenvolver a classificação e a catalogação desses elementos. Vamos começar?

Etapa 1 – Seleção

1. Por meio do *site* do Iphan (disponível em: https://www.gov.br/iphan/pt-br; acesso em: 11 mar. 2022), encontre, em sua região, monumentos, praças, edifícios antigos, esculturas, objetos e manifestações de valor cultural (artístico, histórico, arqueológico e/ou etnográfico).
2. Procure a localização e/ou datas de realização dos patrimônios pesquisados.
3. Acompanhado por um responsável adulto, vá ao encontro dos patrimônios selecionados e grave, fotografe ou realize desenhos de observação.

FABIO EIJI SIRASUMA/ID/BR

4. Faça anotações sobre os elementos que mais chamaram sua atenção e que sejam essenciais para descrever o valor cultural do bem, e sobre qual é seu estado de conservação.
5. Faça entrevistas com a comunidade que mora perto do local ou que pratica a manifestação cultural.
6. Apresente para a turma as informações recolhidas dos patrimônios pesquisados. Em seguida, com os colegas, escolha para a próxima etapa da atividade apenas um dos elementos que apresentou.

Etapa 2 – Classificação

1. Reúna os vídeos, fotos, desenhos, anotações, depoimentos e as demais informações de sua pesquisa durante a etapa de seleção.
2. Pesquise a história de constituição do bem cultural e o que o levou a se tornar um patrimônio.
3. De acordo com as informações recolhidas, pense em estratégias para a preservação e a manutenção do patrimônio.
4. Faça o rascunho de uma ficha com todas as informações que você levantou. A ficha deve abordar os seguintes elementos:
   - nome do patrimônio;
   - localização;
   - contexto histórico de sua criação/desenvolvimento;
   - tipo de patrimônio;
   - razões para sua classificação como patrimônio;
   - modificações e alterações sofridas desde sua criação;
   - estratégias para assegurar sua proteção e manutenção.
5. Indique as fontes de pesquisa.
6. Troque os rascunhos com os colegas e compartilhem informações.
7. Implemente as correções e as alterações que julgar pertinentes, finalize a ficha e insira as imagens e os *links* dos vídeos que você coletou do patrimônio.

Etapa 3 – Catalogação

1. Para a catalogação das fichas elaboradas pela turma, criem uma pasta em um serviço de armazenamento e compartilhamento de arquivos.
2. A turma deve discutir os critérios para catalogar as fichas em diferentes subpastas. Algumas sugestões:
   - tipo de patrimônio;
   - localização na cidade;
   - riscos e soluções para a preservação.
3. Insiram as fichas nas pastas de acordo com os critérios selecionados e produzam coletivamente um sumário.
4. Compartilhem o *link* e o sumário para a pasta com outras turmas da escola.
5. Vocês podem também fazer uma versão física dessa pasta, utilizando uma pasta catalográfica, que pode ser disponibilizada na biblioteca da escola.

2 Os museus

Os museus são locais que abrigam, catalogam e expõem para a sociedade bens que podem ser patrimônios. Muitas vezes se estabelecem em construções (prédios, casarões, etc.) tombadas. Existem diferentes categorias de museus, que são definidas pelas características do acervo e das pesquisas que se desenvolvem nesses espaços.

Os **museus históricos** têm a função de preservar e divulgar bens materiais que auxiliam na construção do conhecimento histórico de um grupo social, uma cidade ou um país. Esses bens podem ser documentos escritos, sonoros, iconográficos ou orais, que são fontes sobre momentos, hábitos, rituais, sistemas econômicos e sociais, comidas, vestuário, entre tantos outros elementos de determinado período. Um exemplo é o Museu Imperial, em Petrópolis, que fica no estado do Rio de Janeiro.

DIEGO GRAND/SHUTTERSTOCK.COM/ID/BR

Fachada do Museu Imperial, em Petrópolis (RJ). Foto de 2017.

O espaço em que foi montado o Museu Imperial era o palácio de verão da Família Real brasileira durante o reinado de dom Pedro II. Nele há mais de 200 mil registros históricos que datam do século XVIII ao século XX, em sua maioria documentos, livros, fotografias, pinturas, mobiliários e outros objetos relacionados ao período imperial brasileiro. Esses elementos podem ser consultados, auxiliando nas pesquisas de diversos campos do conhecimento.

VANESSA RUNG/SHUTTERSTOCK.COM/ID/BR

Carruagem em exposição no Museu Imperial, em Petrópolis (RJ). Foto de 2019.

Os **museus de arte** são os locais onde são expostas e preservadas obras artísticas que influenciaram e ainda influenciam a produção de arte no mundo. Neles podemos encontrar pinturas, esculturas, desenhos, gravuras e os demais tipos de desdobramentos artísticos existentes. Um museu de arte pode se propor a guardar obras de determinado período, local ou artista, ou organizar uma coleção diversa em seu acervo.

TALES AZZI/PULSAR IMAGENS

Fachada do Museu Mineiro. Belo Horizonte (MG). Foto de 2021.

Um importante museu brasileiro é o Museu Mineiro, situado em Belo Horizonte, capital do estado de Minas Gerais. O edifício desse museu, construído no fim do século XIX, tem uma arquitetura eclética, com influências greco-romana e **renascentista**. Já em sua parte interna, tem decorações ornamentais nas paredes e no teto. Inicialmente criado para outras finalidades, o espaço passou a se constituir como museu oitenta anos após sua construção, no período em que fora criado o Arquivo Público Mineiro, localizado na mesma região. Conta com mais de 2600 objetos, entre eles pinturas, desenhos, gravuras, esculturas, mobiliário, moedas, armas, imagens **sacras** e equipamentos **litúrgicos** datados do período entre os séculos XVIII e XX. Todos os objetos do museu são organizados em mais de trinta coleções.

Renascentista: relativo à época do Renascimento, movimento de reformas artística, literária e científica ocorrido entre os séculos XIV e XVI na Itália, espalhando-se para o resto da Europa.

Sacro: religioso; sagrado.

Litúrgico: referente à liturgia, conjunto de ritos relativos à tradição de cerimônias religiosas.

MOURÃO PANDA/FCTOARENA

Sala das Sessões do Museu Mineiro. Belo Horizonte (MG). Foto de 2018.

O acesso às obras de arte do Museu Mineiro, assim como de qualquer outro museu de arte, possibilita aos visitantes fazer relações entre o que se encontra exposto. Da apreciação ao aprendizado, o público é capaz de, comparativamente, interpretar as tendências, as técnicas, os conceitos e o modo como os artistas propõem, com suas obras, questões associadas ao conhecimento artístico, político e social, entre outros.

Aos estudiosos, por sua vez, o acesso ao museu e seu acervo permite a condução de pesquisas, relacionando as obras a outras produções dentro de uma tradição artística brasileira e de outros lugares do mundo. Por meio de uma articulação entre teoria e conceitos, os estudos relativos à arte nos auxiliam a ampliar o olhar sobre as obras e aprofundar o conhecimento sobre diversificadas produções e tradições artísticas existentes.

MUSEU MINEIRO, BELO HORIZONTE. FOTOGRAFIA: ID/BR

Belmiro de Almeida. *Má notícia*, 1897. Óleo sobre tela, 168 cm × 168 cm.

Uma obra importante do acervo do Museu Mineiro é a pintura de título *Má notícia*, do artista mineiro Belmiro de Almeida (1858-1935), formado na Academia Imperial de Belas Artes, no Rio de Janeiro, na École de Beaux-Arts e na Académie Julian, em Paris, capital da França.

A pintura de Belmiro, realizada sobre um suporte em formato arredondado, nos insere em um ambiente doméstico, composto de um tapete e um conjunto de poltronas, em uma das quais vê-se a protagonista da cena. Com o corpo jogado sobre o móvel, a mulher de longos cabelos acobreados esconde parte do rosto com uma mão. Podemos imaginar, como observadores ocultos, que o momento representado é de profundo desespero e tristeza, sentimentos justificados pela presença de uma carta atirada ao chão.

Ao vermos de perto, no museu, essa pintura de Belmiro, podemos constatar a grande habilidade técnica na representação dos detalhes, como os fios que compõem a tecelagem da poltrona. Vista de longe, percebemos o trabalho de cores, luzes e sombras que compõem a cena, transmitindo um aspecto dramático. Um foco especial é dado à protagonista da cena, que tem sua pele bem iluminada e um vestido em cuja saia reluz uma mistura de tons que cintilam, quase em furta-cor.

No mesmo museu encontramos a obra *Arrufos*, de Belmiro, uma pintura que também retrata um aspecto doméstico em uma cena dramática, na qual somos convidados a observar um casal, possivelmente em momento posterior a um desentendimento.

MUSEU NACIONAL DE BELAS ARTES, RIO DE JANEIRO. FOTOGRAFIA: ID/BR

Belmiro de Almeida. *Arrufos*, 1887. Óleo sobre tela, 89,1 cm × 116,1 cm.

Portanto, a visita a um museu de arte nos permite perceber os detalhes de uma obra, como materiais, texturas, profundidade, densidade dos objetos, etc. É possível exercer um olhar de apreciação sobre as cores usadas, o modo como as figuras foram representadas, o jogo de luz e sombra, entre outros aspectos da materialidade da obra.

Outro importante museu brasileiro é o Museu de Arte Popular da Paraíba, que por meio de seu acervo, o qual contém obras artesanais, xilogravuras, literatura de cordel e músicas de artistas paraibanos como o sambista e compositor de forró Jackson do Pandeiro (1919-1982) e a cantora Elba Ramalho (1951-), pretende valorizar e divulgar a cultura local. O prédio que abriga o museu foi a última obra concluída em vida do arquiteto carioca Oscar Niemeyer (1907-2012).

JR MANOLO/FOTOARENA

Exterior do Museu de Arte Popular da Paraíba. Campina Grande (PB). Foto de 2018.

JR MANOLO/FOTOARENA

Parte do acervo do Museu de Arte Popular da Paraíba. Campina Grande (PB). Foto de 2018.

EXPLORANDO NA REDE

Visita virtual

Você aprendeu sobre a importância dos museus no que se refere a preservar objetos artísticos e históricos, possibilitar a construção do conhecimento e salvaguardar a identidade cultural de um povo por meio de seu acervo. Assim, pôde perceber que a visitação e a conservação dos museus são de extrema relevância.

Para que um número maior de pessoas tenha acesso a seu acervo, muitos museus disponibilizam visitas *on-line* a seus espaços.

Nesta atividade, você vai realizar uma visita *on-line* ao Museu Nacional, no Rio de Janeiro, como era antes do incêndio que destruiu parte do prédio e do acervo, em 2 de setembro de 2018, por meio do *site* Google Arts & Culture, e montar um roteiro de visitação com os colegas.

1 Formem trios e acessem a visita virtual ao Museu Nacional, disponível em: https://artsandculture.google.com/project/museu-nacional-brasil. Acesso em: 14 mar. 2022.

Página de abertura da visita ao Museu Nacional, em março de 2022.

2 Cliquem na exposição *on-line* "Volte no tempo e explore".

3 Iniciem a visita ao museu. Para explorá-lo, utilizem o *mouse* clicando com o botão direito e arrastando para a direção que vocês queiram ir, ou deixem o vídeo reproduzir a visita automaticamente.

4 Outras ferramentas que podem ser utilizadas para aprofundar a experiência:

- girar a imagem em 360 graus, de maneira que vocês consigam enxergar do chão ao teto da construção;
- mudar a sala do museu, rolando a página para o vídeo seguinte.

Visita virtual ao Museu Nacional como era antes do incêndio de 2018. Captura de tela em março de 2022.

5 Depois de visitar o museu, elaborem um roteiro de visitação ao local.

6 O roteiro de visitação deve conter:

- descrição das diferentes salas e ambientes do museu;
- indicação das principais obras, com um resumo de suas características artísticas e históricas;
- dicas do grupo sobre os ambientes e salas que vocês acharam mais interessantes.

7 Façam o roteiro de visitação em um programa de edição de texto no laboratório de informática.

8 Incluam no roteiro "capturas de tela" da visita virtual, ou seja, imagens que vocês capturaram da tela do computador.

9 Imprimam cópias do documento e distribuam ao restante da turma e à comunidade escolar.

10 Comparem as orientações dos diferentes roteiros de visitação e conversem sobre as distintas experiências que cada grupo teve nesta expedição virtual.

ARTE DO AMANHÃ

Relação entre turismo e patrimônio

Quando pensamos em patrimônios culturais, muitas vezes nos vem à cabeça o desejo de viajar, conhecer lugares, objetos e tradições que não estão presentes em nossos locais de convivência. Um turista normalmente está interessado em conhecer ambientes que apresentam características singulares em relação a arquitetura, história e modo de vida.

O turismo, praticado de maneira responsável e respeitosa em relação às culturas e às tradições locais, é uma forma de incentivar a valorização e a preservação de patrimônios. A atração de turistas para uma localidade é um meio de movimentar a economia e de reforçar as memórias e as identidades, valorizando os aspectos que atraem a atenção de pessoas de diversas partes do mundo.

Quando os poderes políticos reconhecem o turismo como uma ferramenta de importância para a economia, bem como para a valorização das localidades, cresce o interesse em aplicar recursos para a manutenção, a restauração e a conservação de bens e saberes culturais.

Um exemplo disso são as melhorias proporcionadas pelo turismo em Cachoeira, localizada no estado da Bahia. A cidade contém vários prédios e casas que datam dos séculos XVIII e XIX e apresentam estilo arquitetônico neoclássico, e que com o passar do tempo foram se deteriorando.

O grande valor histórico e cultural dessas construções, sua condição de patrimônio cultural, assim como a oportunidade de atrair turistas por meio da visitação a esses espaços e, consequentemente, movimentar a economia, incentivou o investimento público na restauração de vários prédios que apresentavam danos tanto nas fachadas quanto no interior, favorecendo assim a preservação desses bens arquitetônicos.

RUBENS CHAVES/PULSAR IMAGENS

Construções tombadas em Cachoeira (BA). Foto de 2016.

TROCANDO IDEIAS

- Com base nas perguntas a seguir, reflita sobre o que foi abordado nesta Unidade e converse com os colegas e o(a) professor(a).

a) Quais são as categorias de patrimônio cultural? Descreva as características de cada uma delas e dê exemplos desses diferentes tipos de patrimônio no Brasil.

b) Discuta a importância da determinação da Constituição de 1988 que possibilitou que bens culturais imateriais fossem elevados à condição de patrimônio cultural.

EM POUCAS PALAVRAS

Nesta Unidade, você:

- conheceu as categorias de patrimônio, bem como os órgãos responsáveis por definir e atuar a favor da preservação dos bens e saberes culturais;
- compreendeu a importância da preservação da memória, presente em nosso patrimônio e em tradições mantidas por grupos que fazem parte da sociedade nacional;
- aprendeu a valorizar instituições que salvaguardam bens artísticos e históricos, como os museus;
- verificou a necessidade de preservar o patrimônio regulando o turismo predatório.

PARA LER, OUVIR E VER

Filme

- ***Folias de Minas***, de Felipe Chimicatti e Pedro Carvalho, 2019 (53 min). Disponível em: https://www.youtube.com/watch?v=6XNgEZ1UUt4. Acesso em: 14 mar. 2022.

  No canal do Instituto Estadual do Patrimônio Histórico e Artístico de Minas Gerais (Iepha-MG), é possível assistir ao documentário que aborda as Folias de Minas, uma das tradições religiosas mais antigas e presentes no estado. Essa manifestação cultural foi reconhecida como patrimônio imaterial de Minas Gerais em 2017.

Site

- **Patrimônio 360.** Cultura Jundiaí. Disponível em: https://cultura.jundiai.sp.gov.br/festivais-e-programas/patrimonio-360/. Acesso em: 14 mar. 2022.

  Nesse *site*, você poderá visitar virtualmente o acervo de alguns museus da cidade de Jundiaí, no interior do estado de São Paulo, como a Pinacoteca Municipal Diógenes Duarte Paes e o Museu Histórico e Cultural de Jundiaí.

ATIVIDADE COMPLEMENTAR:

ARTES INTEGRADAS

A partir de meados do século XX, as artes visuais, em suas múltiplas expressões (pintura, escultura, gravura, *design*, etc.), aproximaram-se de outras linguagens artísticas, como a dança, a música e o teatro. Tais aproximações trouxeram novas possibilidades de expressão para as artes visuais, resultando em criações que não precisavam estar necessariamente em museus para serem admiradas ou vivenciadas.

Nesta "Atividade complementar", você vai explorar algumas criações derivadas das novas possibilidades geradas pela aproximação entre essas diferentes linguagens, como os *happenings* e as *performances*.

JAMES KLOTSY/ACERVO DO FOTÓGRAFO. © JASPER JOHNS/AUTVIS, BRASIL, 2022.

Fotografia do estúdio do artista plástico Jasper Johns, que apresenta um *collant*, peça de vestuário geralmente usada por bailarinos, sobre uma das telas do pintor. A foto, sem data, representa a parceria entre Johns e o coreógrafo e dançarino Merce Cunningham.

CONHECER

Colaboração e diálogos entre diferentes linguagens artísticas

No volume 6 desta coleção, você conheceu o trabalho do bailarino e coreógrafo estadunidense Merce Cunningham (1919-2009) e as inovações coreográficas que foram frutos de seu processo criativo. Cunningham buscou nos movimentos cotidianos (como andar, correr, dobrar, pular e alongar) modos de pensar e inspirar suas produções artísticas. Em suas coreografias, propôs a utilização de movimentos corriqueiros e não dramatizados, pois entendia que, na dança, a movimentação corporal não deveria necessariamente representar emoções ou contar uma história, como ocorre mais frequentemente na concepção **hegemônica** de dança.

Hegemônico: condição de preponderância de um elemento sobre outro, quando alguma coisa, pessoa ou ideia tem impacto ou influência maior em relação aos demais.

Dessa maneira, Cunningham inaugurou uma aproximação entre a dança e o cotidiano. Em suas aulas, não era requerido que os estudantes tivessem um conhecimento anterior de dança, ou seja, eles não precisavam ter frequentado aulas de balé clássico ou de dança moderna, pois as produções do coreógrafo se espelhavam em movimentos comuns, realizados pelas pessoas em situações do dia a dia.

O conceito de acaso também foi uma prioridade nos trabalhos de Cunningham. A duração, a sequência dos movimentos e o papel dos dançarinos em uma coreografia eram estabelecidos aleatoriamente, determinados por procedimentos semelhantes aos de um jogo de probabilidades, como cara ou coroa. O experimento era o ponto focal de suas obras.

Merce Cunningham analisou seu trabalho na construção de coreografias da seguinte maneira:

> Um dos elementos que distinguem o meu trabalho das coreografias tradicionais, sejam elas clássicas ou modernas, é certamente esse alargamento das possibilidades.
>
> [...]
>
> Comecei com a ideia de que, antes de tudo, qualquer tipo de movimento podia ser dança. Não expressei isso assim na época, mas achava que qualquer tipo de movimento podia ser usado como movimento de dança, que não havia limites nesse sentido. Então evoluí para uma ideia de que cada dança devia ser diferente, ou seja, o que se encontra em uma dança no que diz respeito a movimento deve ser diferente do que se usou nas danças anteriores. O que estou tentando dizer com isso é que na busca por movimento eu procurava algo que não conhecia, mais do que algo que já conhecia.
>
> Merce Cunningham. *O dançarino e a dança*: conversas com Jacqueline Lesschaeve. Rio de Janeiro: Cobogó, 2014. p. 14-37.

Assim como Cunningham, o músico e compositor estadunidense John Cage (1912-1992) trabalhava com o aleatório e o acaso em suas criações. Ambos consideravam que os ritmos de uma música não deveriam estruturar as movimentações do corpo dos bailarinos em uma dança. O que os dois artistas buscavam em suas análises e experimentações era relacionar os elementos coreográficos e sonoros com base na colaboração entre eles, sem que se tornassem dependentes e indissociáveis.

FUNDAÇÃO ROBERT RAUSCHENBERG, NOVA YORK. ©ROBERT RAUSCHENBERG FOUNDATION/AUTVIS, BRASIL, 2022.

O coreógrafo Merce Cunningham e o músico John Cage. Nova York, Estados Unidos. Foto de 1968.

O artista visual estadunidense Robert Rauschenberg (1925-2008) também colaborou com as obras de Cage e Cunningham. De fato, a companhia de dança de Merce Cunningham realizou, em parceria com os três artistas, dezenas de espetáculos cujos elementos coreográficos, sonoros e visuais se combinavam em uma estética definida pelo acaso. Rauschenberg se inspirou em conceitos do **Expressionismo abstrato** e da Arte *Pop* para compor visualmente os cenários e os figurinos do espetáculo *Travelogue* (na tradução do inglês para o português, "Registro de viagem"), lançado em 1977.

Expressionismo abstrato: movimento artístico da década de 1950, com origem nos Estados Unidos.

COLETTE MASSON/ROGER-VIOLLET/GLOW IMAGES

Apresentação da coreografia *Travelogue*, de Merce Cunningham, em 1977. O artista visual Robert Rauschenberg desenvolveu a criação dos trajes e do cenário.

Outro parceiro de Cunningham foi o pintor estadunidense Jasper Johns (1930-), que também desenhou figurinos e cenários para as produções do coreógrafo. Tal parceria também se refletiu nos trabalhos individuais do artista plástico. Em uma das pinturas da série intitulada *Dançarinos em um avião*, Johns aplicou, na parte inferior da tela, as letras do nome de Cunningham misturadas às letras que compõem o título da obra. A homenagem indica a importância do coreógrafo na produção artística de Johns.

GALERIA TATE, LONDRES, REINO UNIDO. © JASPER JOHNS/ AUTVIS, BRASIL, 2022.

Jasper Johns. *Dançarinos em um avião*, c. 1980. Óleo e acrílico sobre tela, 200 cm × 161,9 cm.

As parcerias realizadas entre Cunningham, Rauschenberg, Cage e Johns demonstram as possibilidades de criação pela união de duas ou mais linguagens artísticas. As experimentações que esses artistas se permitiram realizar por meio das combinações de artes visuais, dança e música, associadas ao contexto da arte contemporânea, trouxeram outras propostas de diálogo, que resultaram em novos formatos de produções artísticas.

Em entrevista concedida no ano de 2004, Cunningham comentou sobre as trocas entre as diferentes linguagens artísticas em seu trabalho:

> [...] "O que me interessa é aquilo que só pode existir quando dois ou três desses elementos são colocados juntos, aquilo que nenhum deles poderia produzir sozinho e só aparece com a junção." [...] "Tento fazer o palco ficar mais perto de como as coisas acontecem na natureza" [...].
>
> Agência Estado. Merce Cunningham apura o significado da dança. *Estadão*, 6 jul. 2004. Disponível em: https://cultura.estadao.com.br/noticias/geral,merce-cunningham-apura-o-significado-da-danca,20040706p4322. Acesso em: 23 fev. 2022.

A arte na contemporaneidade questiona os códigos preestabelecidos em relação aos campos artísticos consolidados pelas concepções clássica e moderna. E, ao longo do século XX, esses questionamentos passaram a gerar novas possibilidades de diálogo entre as linguagens artísticas. As produções e experimentações que ocorriam na época das parcerias entre músicos, artistas plásticos, atores, dançarinos, entre outros artistas, estão inseridas, portanto, no contexto da arte contemporânea.

Em 1952, um evento reuniu diferentes linguagens artísticas. Conhecido como *O evento* ou *Peça de teatro nº 01*, a manifestação contou com a leitura de poemas pelo escritor Charles Olson (1910-1970), as coreografias de Cunningham, a exposição de uma obra de Rauschenberg, entre outras expressões artísticas. O evento foi todo organizado por John Cage, e seu formato foi realizado outras vezes. Tais eventos receberam o nome de ***happenings***, termo que significa "acontecimentos", em português, e que foi criado pelo pintor estadunidense Allan Kaprow (1927-2006) para se referir a essas novas manifestações artísticas que combinavam linguagens como artes visuais, literatura, teatro e dança.

GETTY IMAGES

18 happenings in 6 parts, *happening* de Allan Kaprow, em 1959. Neste *happening*, o público recebia cartões com instruções de como participar.

O *happening* não segue uma estrutura definida; não tem começo, meio ou fim, pois ocorre de acordo com o acaso e a espontaneidade. Trata-se de um evento que não precisa acontecer em cima de um palco, pois pode ser realizado em ruas, lojas vazias, galpões, entre outras locações, e a plateia é incentivada a interagir e a participar da manifestação.

Allan Kaprow se dedicou à criação e ao desenvolvimento de *happenings*. Entre eles, organizou um *happening* intitulado *Fluidos*, no ano de 1967, em várias locações no estado da Califórnia, nos Estados Unidos. Esse *happening* consistia na construção coletiva de estruturas feitas com blocos de gelo. Após a finalização da construção, a estrutura era deixada para derreter com o passar do tempo. Por meio dessa interação com o público, Kaprow pretendia apresentar uma nova possibilidade e propor um questionamento para a arte pública.

DENNIS HOPPER, CORTESIA DE HOPPER ART TRUST

O *happening Fluidos*, de Allan Kaprow. Califórnia, Estados Unidos. Foto de 1967.

O *happening* pode ser considerado o antecedente direto da ***performance***, expressão artística que ganhou força a partir da década de 1960. Os artistas que realizavam *performances* acreditavam que a arte deveria ter um elemento vivo, pois isso refletiria melhor o mundo a nosso redor do que elementos artísticos estáticos. Além disso, esses artistas desejavam criar uma arte que não pudesse ser facilmente vendida ou comprada.

A *performance* caracteriza-se por ser apresentada diante de uma plateia e pode ser formada pelo diálogo entre diferentes linguagens artísticas, como dança, música, literatura e artes visuais. Na *performance*, a ação do corpo é o objeto principal. O corpo atua e participa de diversos processos, sendo utilizado como instrumento de comunicação e de experiência.

O artista carioca Hélio Oiticica (1937-1980) criou, no fim da década de 1960, um trabalho artístico performático e experimental em que retirou as cores do plano bidimensional da pintura e as trouxe para o espaço tridimensional. Para isso, criou tecidos por vezes chamados de capas, confeccionados em cores, estampas e texturas diferentes. O corpo que vestia as capas criadas por Oiticica podia se mover livremente ao ritmo de um samba, mesclando expressão visual, musical e corporal.

Os *Parangolés* são essas obras que, além de apresentar uma interlocução entre artes visuais, dança e música, promovem uma experiência artística que desloca as pessoas do papel de observadoras para o de participantes. Afinal, a obra só acontece e faz sentido quando o próprio corpo participa da movimentação dos tecidos. Os primeiros *Parangolés* criados por Oiticica foram levados por ele a comunidades do Rio de Janeiro. Dessa forma, ele buscava demonstrar que a arte podia ser vivida, apreciada e realizada também fora dos museus.

ARQUIVO/ PROJETO HELIO OITICICA, RIO DE JANEIRO

Parangolé, de Hélio Oiticica. Foto de 1972.

A proposta artística dos *Parangolés* acontece, portanto, quando a estrutura das cores se movimenta por meio do corpo de alguém que participa da obra, ou seja, que não está no papel de observador. Nas palavras do próprio artista:

> [...] Toda a minha evolução que chega aqui à formulação do Parangolé visa a essa incorporação mágica dos elementos da obra como tal, numa vivência total do espectador, que chamo agora "participador". Há como que a "instituição" e um "reconhecimento" de um espaço intercorporal criado pela obra ao ser desdobrado. A obra é feita para esse espaço, e nenhum sentido de totalidade pode-se dela exigir como apenas uma obra situada num espaço-tempo ideal exigindo ou não a participação do espectador. O "vestir", sentido maior e total da mesma, contrapõe-se ao "assistir", sentido secundário, fechando assim o ciclo "vestir-assistir". O *vestir* já em si se constitui numa totalidade vivencial da obra, pois ao desdobrá-la tendo como núcleo central o seu próprio corpo, o espectador como que já vivencia a transmutação espacial que aí se dá: percebe ele na sua condição de núcleo estrutural da obra o desdobramento vivencial desse espaço intercorporal.
>
> Hélio Oiticica. Anotações sobre o Parangolé (1965). *Correio IMS*. Disponível em: https://correioims.com.br/carta/os-parangoles-de-helio-oiticica/. Acesso em: 23 fev. 2022.

Parangolés, obra de Hélio Oiticica, no Museu de Arte Moderna de Frankfurt, Alemanha. Foto de 2013.

O diálogo desenvolvido entre as diferentes linguagens artísticas nas *performances* e nos *happenings* pode ser visto também em outras expressões da arte. Esse é o caso do espetáculo *Enquanto tecemos*, da Companhia Suspensa em parceria com a artista plástica Julia Panadés; as linguagens da dança e das artes visuais são combinadas no espaço do palco para apresentar uma obra cujo processo de montagem valorizou a experimentação. No espetáculo, os dançarinos se movimentam pelo palco enquanto a artista visual Julia Panadés realiza pinturas e **tipologias** no cenário.

No texto a seguir, os artistas detalham como foi a idealização do diálogo entre diferentes linguagens artísticas na concepção do espetáculo:

Tipologia: refere-se ao desenho e estilo das fontes ou letras utilizadas na escrita de um texto.

Enquanto tecemos é uma parceria da Companhia Suspensa com o diretor Sérgio Penna e a artista plástica Julia Panadés. O desejo por experimentar um processo de montagem, sem os limites rígidos das autorias e funções, surgiu, em nossos ensaios e conversas, como uma possibilidade para tornar-se uma qualidade mais e mais necessária ao trabalho. E o lugar da cena se revela uma ficção da busca, a revelação de algo que, em grande medida, intuíamos, sem que soubéssemos ao certo o que poderia ser fundado como relevo e profundidade neste encontro. Dança, texto, desenho, objeto e sonoridade – elementos combinados e recombinados como num jogo de cartas que passeiam sobre linhas móveis, construindo simultaneamente a narrativa deste espetáculo.

Foco in Cena. *Enquanto tecemos*. Disponível em: http://www.focoincena.com.br/enquanto-tecemos. Acesso em: 23 fev. 2022.

GUTO MUNIZ/FOCO IN CENA

Apresentação de *Enquanto tecemos*, um projeto realizado pela Companhia Suspensa e a artista visual Julia Panadés, sob direção de Sérgio Penna. Belo Horizonte (MG). Foto de 2010.

Já o espetáculo *O cão sem plumas*, da coreógrafa carioca Deborah Colker (1960-), contempla as linguagens da dança, da literatura, por meio da poesia, e também do cinema. A obra é inspirada pelo poema de mesmo nome do escritor pernambucano João Cabral de Melo Neto (1920-1999).

No poema, escrito na década de 1950, João Cabral de Melo Neto aborda a relação entre as questões da seca, da fome e da alta mortalidade no estado de Pernambuco naquele período. Para isso, o poeta compara a situação de seca do rio Capibaribe, que corre por todo o estado, às expressões e ao comportamento de um cão. Leia um trecho do poema a seguir.

O cão sem plumas

I. Paisagem do Capibaribe

A cidade é passada pelo rio
como uma rua
é passada por um cachorro;
uma fruta
por uma espada.

O rio ora lembrava
a língua mansa de um cão,
ora o ventre triste de um cão,
ora o outro rio
de aquoso pano sujo
dos olhos de um cão.

Aquele rio
era como um cão sem plumas.
Nada sabia da chuva azul,
da fonte cor-de-rosa,
da água do copo de água,
da água de **cântaro**,
dos peixes de água,
da brisa na água.

Sabia dos caranguejos
de lodo e ferrugem.
Sabia da lama
como de uma mucosa.
Devia saber dos polvos.
Sabia seguramente
da mulher febril que habita as ostras.

Aquele rio
jamais se abre aos peixes,
ao brilho,
à inquietação de faca
que há nos peixes.
Jamais se abre em peixes.
[...]
Liso como o ventre
de uma cadela fecunda,
o rio cresce
sem nunca explodir.
Tem, o rio,
um parto fluente e invertebrado
como o de uma cadela.

E jamais o vi ferver
(como ferve
o pão que fermenta).
Em silêncio,
o rio carrega sua fecundidade pobre,
grávido de terra negra.
[...]

Cântaro: vaso de barro que pode transportar líquidos.

João Cabral de Melo Neto. O cão sem plumas. Em: João Cabral de Melo Neto. *Obra completa*. Rio de Janeiro: Nova Aguilar, 1995. p. 105-106.

O rio Capibaribe é descrito por João Cabral como um local que desconhece peixes e água, mas conhece lama, doença e morte. A mortalidade e a relação com o rio é um tema bastante presente na obra desse autor, assim como no espetáculo de Deborah Colker, inspirado no poema. A coreógrafa levou dançarinos e o cineasta pernambucano Cláudio Assis (1959-) às comunidades que são banhadas pelas águas desse rio, e Assis gravou cenas dos bailarinos se movimentando e interagindo no local.

Deborah já tinha uma parte do roteiro do espetáculo quando viajou com a companhia para a nascente do Capibaribe [...]. A intenção era acompanhar o curso do rio e filmar os bailarinos enquanto interagiam com as paisagens e os habitantes. Acompanhada do diretor Claudio Assis [...], a coreógrafa captou as cenas que pontuam todo o espetáculo. Foram 23 dias de filmagens e experiências que envolveram oficinas e saraus com artistas locais em busca de referências musicais e corporais para criar a coreografia.

"A gente apresentava o resultado das oficinas e convivia com essas pessoas, então a gente foi para ensinar, mas aprendeu muito mais que qualquer coisa. A gente já não sabia mais quem era aluno e quem era professor ali", conta Deborah.

Nahima Maciel. Cão sem plumas: espetáculo de Deborah Colker fala de um Brasil maltratado. *Correio braziliense*, 12 ago. 2017. Disponível em: https://www.correiobraziliense.com.br/app/noticia/diversao-e-arte/2017/08/12/interna_diversao_arte,617098/deborah-colker-traz-cao-sem-plumas-a-brasilia.shtml. Acesso em: 23 fev. 2022.

Tais imagens, gravadas por Colker e Assis, foram posteriormente projetadas no cenário em que o espetáculo foi apresentado. Os dançarinos, cobertos por lama, evocando também o poema de João Cabral, se movimentam enquanto se misturam e se fundem às imagens dessa expedição.

CIA DE DANÇA DEBORAH COLKER/FOTOGRAFIA: CAFI

Espetáculo *O cão sem plumas*, de Deborah Colker, em Recife (PE). Foto de 2017.

PESQUISAR

Pesquisa 1 – Diálogos entre linguagens no patrimônio cultural brasileiro

Nesta "Atividade complementar", discutimos as relações entre as distintas linguagens artísticas e as produções resultantes desses diálogos. Com base nesse conhecimento, você vai realizar uma atividade de pesquisa para encontrar exemplos de manifestações culturais dos patrimônios imateriais brasileiro e mundial em que haja a aproximação de linguagens artísticas, como as artes visuais, a dança, o teatro e a música, e seus desdobramentos em ações de *performance*, moda, eventos culturais, etc.

1. Organizem-se em grupos de três ou quatro estudantes.

2. Utilizando a internet, livros, jornais, revistas e outros materiais impressos ou audiovisuais, escolham uma manifestação cultural brasileira que seja um patrimônio artístico imaterial para pesquisar de maneira mais aprofundada. Registrem as fontes consultadas nesta etapa da pesquisa.

3. Observem e identifiquem as linguagens artísticas presentes na manifestação cultural escolhida e descrevam quais são elas. Por exemplo, no caso dos bonecos gigantes do Carnaval de Olinda, cujo modo de fazer é considerado um patrimônio imaterial, a confecção das armações, assim como o formato, as cores e os enfeites dos bonecos, envolve componentes das artes visuais; o cortejo animado de bonecos e foliões envolve componentes de dança; e as canções e as marchinhas que dão ritmo à festa envolvem componentes de música.

4. Após o recolhimento dessas informações, preparem uma apresentação oral sobre a manifestação cultural escolhida pelo grupo:

- Apresentem a manifestação indicando o nome dela, a localidade onde é realizada, as razões de ter se tornado um patrimônio (salvaguardar o modo de fazer, preservar a tradição, reconhecer seu valor cultural, etc.) e as características gerais de sua realização (tipos de dança, música, vestimentas, adereços, etc.).
- Com o auxílio de imagens e vídeos, indiquem as linguagens artísticas que estão envolvidas nessa manifestação, em que momentos elas ocorrem e de que maneira elas dialogam e realizam trocas entre si. Para isso, vocês podem preparar uma apresentação de *slides* e/ou confeccionar cartazes.
- Façam uma breve consideração final sobre o tema abordado, pontuando ideias que surgiram ao longo da pesquisa, dificuldades encontradas e dúvidas que não foram respondidas com as referências encontradas.

Pesquisa 2 – A criação dos *Parangolés* de Hélio Oiticica

Nesta atividade de pesquisa, você e os colegas vão explorar a idealização e a realização dos *Parangolés* de Hélio Oiticica.

1. A turma deve se organizar em três grupos.

2. Cada grupo vai pesquisar um aspecto da realização dos *Parangolés* de Oiticica:

Grupo 1: Idealização e inspiração	Grupo 2: Materiais	Grupo 3: *Performance*
Pesquisar quais foram as inspirações de Oiticica para a criação dos *Parangolés* e como elas se manifestaram em sua obra.	Pesquisar os materiais que foram utilizados na construção dos *Parangolés* e como eles foram trabalhados.	Pesquisar os locais em que as *performances* com os *Parangolés* ocorreram e como elas se realizavam (os movimentos, a música, os participantes, etc.).

3. Dividam os temas de acordo com a preferência e a afinidade dos grupos ou realizem um sorteio para definir a pesquisa de cada um.

4. Os grupos devem realizar a pesquisa por meio de consulta a internet, jornais, revistas e documentários.

5. Após a finalização da pesquisa, reúnam as informações coletadas e montem uma apresentação para ser feita com a turma.

6. Por fim, com base nas apresentações, discutam as diferentes linguagens exploradas por Oiticica nos *Parangolés*, assim como de que maneira as escolhas de materiais e locações para as *performances* se relacionam com a inspiração e os objetivos do artista para esse projeto.

FABIO EIJI SIRASUMA/ID/BR

CRIAR

Agora é sua vez de vivenciar a experiência do *Parangolé*, utilizando tecidos coloridos e a movimentação de seu corpo nesta proposta artística.

Materiais:

- Dois ou três pedaços de tecidos com cores e texturas diferentes (algodão, viscose, TNT, etc.). Dimensões: 1,40 m × 2 m.
- Tesoura com pontas arredondadas
- Alfinetes de segurança

Como fazer:

1. Selecione os pedaços de tecido e amarre-os a seu corpo de maneira que fiquem partes soltas deles. Você pode amarrá-los nos braços, nas pernas, no quadril ou nos ombros, por exemplo. Lembre-se de que são as partes soltas do tecido que vão valorizar os movimentos corporais. Os tecidos podem ser presos ao corpo e uns aos outros com nós, mas você pode também prendê-los com alfinetes.

2. Com os colegas e o(a) professor(a), selecione um samba para fazer parte da experimentação do *Parangolé*.

FABIO EIJI SIRASUMA/ID/BR

3. Com os colegas, afaste as carteiras para os cantos da sala de aula, deixando um espaço livre para a experimentação com os *Parangolés*.

4. Você e os colegas deverão realizar diferentes tipos de movimento com o corpo, sempre considerando a dinâmica que a movimentação dará ao tecido.

5. Com a música escolhida tocando, sintam o ritmo e deixem que o corpo se expresse livremente, dançando e movimentando os tecidos, podendo até mesmo cobrir a cabeça, os braços ou as pernas, por exemplo.

6. O(A) professor(a) vai filmar essa primeira experimentação.

FABIO EIJI SIRASUMA/ID/BR

7. Assistam ao vídeo gravado, façam uma roda de conversa para compartilhar as impressões de cada um sobre a experiência de criar um *Parangolé* e vivenciá-lo, e discutam o resultado que os movimentos e as cores dos tecidos produziram.

RESPEITÁVEL PÚBLICO

Nesta seção, vocês devem levar os *Parangolés* para fora da sala de aula e realizar uma *performance* para a comunidade escolar.

1. Com o auxílio do(a) professor(a), selecionem um local da escola para apresentar a *performance*. Na escolha, levem em consideração o espaço disponível para a realização dos movimentos.
2. Convidem professores, funcionários da escola e familiares para a *performance*. O público pode ficar distribuído ao redor do espaço onde a ação vai ocorrer, assim ela poderá ser vista de vários pontos de vista diferentes.
3. Levem um dispositivo para tocar a música escolhida, os *Parangolés* prontos e materiais para a confecção de novos *Parangolés*.
4. Realizem a *performance*, mas não se sintam presos aos movimentos feitos durante a experimentação. Vocês podem recriá-los ou experimentar movimentos novos.
5. Convidem o público para participar, oferecendo os *Parangolés* para serem utilizados. Vocês podem ensinar como criá-los por meio dos materiais disponibilizados. Lembrem-se de que a interação com o público também faz parte da proposta.
6. O(A) professor(a) vai filmar a *performance*; dessa forma, vocês poderão assistir a ela posteriormente, e a turma terá o registro histórico e documental dessa atividade.
7. Finalizada a *performance*, conversem com o público sobre a apresentação e peçam às pessoas que deem opiniões, façam críticas e digam o que sentiram ao participar. Anotem os comentários do público para incluí-los na avaliação que será feita entre a turma.
8. Na aula seguinte, façam uma roda de conversa sobre a experiência de cada um durante toda a "Atividade complementar". Retomem os conteúdos abordados na seção "Conhecer", as atividades de pesquisa e a criação e apresentação da *performance* do *Parangolé*. Tragam para o debate opiniões do público anotadas no dia da apresentação e assistam ao vídeo da *performance* feito pelo(a) professor(a).

NESTA "ATIVIDADE COMPLEMENTAR", VOCÊ:

- explorou as integrações e os diálogos entre diferentes linguagens artísticas nas *performances* e nos *happenings*;
- conheceu o trabalho de companhias e de artistas que trabalham com a integração de diversas linguagens artísticas;
- pesquisou sobre os patrimônios imateriais brasileiro e mundial e sobre os *Parangolés* do artista plástico Hélio Oiticica;
- explorou o movimento espontâneo com o *Parangolé*.

UNIDADE 2

DANÇA E PATRIMÔNIO CULTURAL

O patrimônio cultural imaterial está relacionado à vida de comunidades, ou seja, festejos, artesanatos, rituais, lendas, músicas, costumes e tradições, que são preservados para que gerações futuras possam conhecê-los e vivenciá-los.

Alguns patrimônios culturais imateriais contêm danças e manifestações corporais em suas expressões. Um exemplo é a roda de capoeira, representada na foto que abre esta Unidade, considerada Patrimônio Cultural Mundial pela Unesco. Nessa manifestação cultural afro-brasileira, luta e dança se misturam para criar movimentos corporais ágeis e acrobáticos.

TROCANDO IDEIAS

- Observe a imagem, converse com os colegas e o(a) professor(a) e responda às perguntas a seguir.

a) Quais danças populares brasileiras você conhece?

b) Você já viu ou participou de uma roda de capoeira? Como acha que deve ser a dinâmica de seus integrantes?

c) Qual é a importância de se preservar uma manifestação cultural como a roda de capoeira?

d) Você conhece alguma manifestação cultural que contenha dança em sua expressão? Ela é considerada um patrimônio cultural? Se sim, por que você acha que ela está sendo preservada?

MARIO TAMA/GETTY IMAGES

Roda de capoeira em Cachoeira (BA). Foto de 2014.

1 A dança como patrimônio cultural imaterial pelo mundo

JACK VARTOOGIAN/GETTY IMAGES

Apresentação do Balé Real do Camboja em Nova York, Estados Unidos. Foto de 2013.

Como foi visto na Unidade 1, a titularidade de Patrimônio Cultural Mundial fornecida pela Unesco é um reconhecimento que instaura a valorização e a proteção de bens considerados importantes para a identidade e a memória de uma comunidade ou povo e que, por isso, devem ser preservados por toda a humanidade.

Veja a seguir os benefícios que podem ser recebidos pelas manifestações culturais reconhecidas como patrimônio mundial.

> [...]
> - oferecer ao **Estado-parte** e à comunidade local uma oportunidade de celebrar o bem como um dos lugares naturais e culturais mais importantes da Terra;
> - ampliar o reconhecimento e proteção do patrimônio na vida da comunidade, pois o bem muitas vezes se torna um carro-chefe para a área ou o sistema nacional de sítios protegidos;
> - incentivar o interesse internacional pelo Patrimônio Mundial para gerar um estímulo à cooperação internacional e aos esforços conjuntos para garantir a proteção do bem;
> - oferecer oportunidades de mobilizar financiamento e apoio por parte de doadores e do **Fundo** para o Patrimônio Mundial;
> - oferecer técnicas e práticas de proteção, conservação e gestão que podem ser aplicadas em bens nacionais e locais considerados patrimônio. [...]
>
> Duncan Marshall (coord.). *Manual de referência do Patrimônio Mundial*: preparação de candidaturas para o Patrimônio Mundial. Brasília: Unesco Brasil/ Iphan, 2013. p. 12.

Estado-parte: termo jurídico utilizado em referência ao país que será beneficiado pelo título de Patrimônio Cultural Mundial.

Fundo: referência ao **Fundo para a Proteção do Patrimônio Mundial**, que é uma reserva monetária para atender às necessidades dos diferentes patrimônios mundiais.

De acordo com esses pontos, a titularidade garante auxílio financeiro ao patrimônio, plataforma para a divulgação de suas práticas e cooperação internacional. Dessa maneira, o patrimônio terá condições para continuar existindo e/ou sendo praticado.

A lista de Patrimônio Cultural Mundial inclui componentes arquitetônicos, rituais, festas, sítios arqueológicos, danças, entre outros. Para classificar e organizar essa diversidade de elementos, a Unesco estipula dez critérios. Pelo menos um deles deve ser atendido para que um bem receba a proteção da titularidade:

> [...]
>
> i. representar uma obra-prima do gênio criador humano;
>
> ii. testemunhar um intercâmbio de valores humanos considerável, durante um período concreto ou em uma área cultural do mundo determinada, nos âmbitos da arquitetura ou tecnologia, das artes monumentais, do planejamento urbano ou da criação de paisagens;
>
> iii. fornecer um testemunho único ou excepcional, sobre uma tradição cultural ou uma civilização viva ou desaparecida;
>
> iv. ser um exemplo **eminentemente** representativo de um tipo de construção ou de conjunto arquitetônico ou tecnológico, ou de paisagem que ilustre um ou vários períodos significativos da história humana;
>
> v. ser um exemplo relevante de formas tradicionais de assentamento humano ou de utilização da terra ou do mar, representativas de uma cultura (ou de várias culturas), ou de interação do homem com seu meio, sobretudo quando este tornou-se vulnerável devido ao impacto causado por alterações irreversíveis;
>
> vi. estar direta ou materialmente associado a acontecimentos ou tradições vivas, ideias, crenças ou obras artísticas e literárias que têm um significado universal excepcional. (O Comitê considera que este critério deva ser utilizado preferentemente de modo conjunto com os outros critérios).
>
> vii. representar fenômenos naturais ou áreas de beleza natural e de importância estética excepcionais;
>
> viii. ser exemplos eminentemente representativos das grandes fases da história da Terra, incluído o testemunho da vida, de processos **geológicos** em curso na evolução das formas terrestres ou de elementos **geomórficos** ou **fisiográficos** significativos;
>
> ix. ser exemplos eminentemente representativos dos processos ecológicos e biológicos em curso na evolução e no desenvolvimento de ecossistemas e de comunidades de plantas e animais terrestres, aquáticos, costeiros e marinhos;
>
> x. conter os *habitats* naturais mais representativos e mais importantes para a conservação ***in situ*** da diversidade biológica, compreendidos aqueles nos quais sobrevivem espécies ameaçadas que tenham um Valor Universal Excepcional desde o ponto de vista da ciência ou da conservação. [...]
>
> *Patrimônio mundial:* fundamentos para seu reconhecimento – A convenção sobre proteção do patrimônio mundial, cultural e natural, de 1972: para saber o essencial. Brasília: Iphan, 2008. p. 16 e 17. Disponível em: http://portal.iphan.gov.br/uploads/ckfinder/arquivos/Cartilha_do_patrimonio_mundial.pdf. Acesso em: 23 fev. 2022.

Eminentemente: em alto grau; acima de tudo.

Geológico: referente à Geologia, ciência que estuda as origens da Terra e as transformações sofridas pelo planeta.

Geomórfico: referente à Geomorfologia, estudo da evolução das formas geográficas.

Fisiográfico: referente à Geografia física, ciência que descreve os aspectos dos fenômenos naturais.

***In situ*:** expressão do latim que significa "no local".

Alguns desses critérios, especialmente o critério iii, podem se aplicar a bens imateriais, como as danças. Até o ano de 2017, tinham sido declarados 470 bens imateriais como patrimônio mundiais, distribuídos por 117 países.

Conheça as características de algumas das danças que são consideradas patrimônios mundiais pela Unesco:

ANTON VELIKZHANIN/ALAMY/FOTOARENA

Casais dançam tango em uma competição. Buenos Aires, Argentina. Foto de 2016.

- **Tango**

Nas culturas argentina e uruguaia, o tango é bastante praticado nos tradicionais salões de dança de suas respectivas capitais, Buenos Aires e Montevidéu. Em pares enlaçados, os casais executam passos com mudanças frequentes de direção, cruzamento de pernas, movimentos firmes, posições dramáticas e giros.

- **Dança de máscaras no Festival de Drametse**

Durante o Festival de Drametse, no Butão, país do continente asiático, ocorre uma dança em que 16 bailarinos utilizam máscaras de madeira que representam animais. Os dançarinos também usam vestimentas **monásticas** e suas movimentações são acompanhados por uma orquestra formada por tambores, trompetes e gongo. Na dança, há duas partes diferentes: uma seção de movimentos mais acelerados, que simbolizam os deuses tempestuosos, e outra seção de movimentos mais calmos, como uma maneira de representar os deuses pacíficos.

Monástico: relativo aos hábitos de monge, à vida em mosteiro.

MICHAEL BRACEY/ALAMY/FOTOARENA

Dança de máscaras no Festival de Drametse, no Butão. Foto de 2015.

- **Balé Real do Camboja**

Famoso por seus gestos graciosos e fantasias magníficas, o Balé Real do Camboja, país localizado no Sudeste Asiático, tem em seu repertório clássico de danças quatro tipos de personagem: o macaco, a mulher, o homem e o gigante. Cada uma tem cores, fantasias, maquiagem e máscaras próprias. Essas posturas e gestos codificados, cujo domínio requer anos de treinamento intensivo, evocam todas as emoções humanas, do medo e da raiva ao amor e à alegria.

JACK VARTOOGIAN/GETTY IMAGES

Apresentação do Balé Real do Camboja em Nova York, Estados Unidos. Foto de 2013.

- **Dança de cura dos Tumbuka**

Os Tumbuka, grupo étnico que vive no norte do Malauí, país da África Oriental, curam seus doentes por meio de um ritual que envolve a dança. Eles são tratados durante algumas semanas ou meses por curandeiros que têm uma casa nas aldeias reservada para os pacientes, conhecida como *temphiri*. Uma vez que o diagnóstico é feito, os doentes passam por um ritual de cura. Para isso, as mulheres e as crianças da aldeia formam um círculo ao redor do paciente, que lentamente entra em transe, enquanto elas entoam canções para evocar os espíritos. Os únicos homens que participam são os músicos (que tocam um ritmo específico para cada espírito no tambor) e, em certos casos, o curandeiro. O canto e o ritmo do tambor se combinam para criar uma experiência muito intensa, oferecendo espaço para os pacientes "dançarem sua doença".

Ritual da dança de cura entre os Tumbuka, no Malauí. Foto de 2003.

FRANCOIS-XAVIER FRELAND/UNESCO

- **Festival Gelede**

O Festival Gelede é realizado em homenagem a Ianlá, entidade que, na tradição iorubá, é a fonte da vida, também conhecida como "Grande Mãe". A cerimônia acontece em comunidades da Nigéria, de Benim e do Togo, países da costa ocidental do continente africano, e em 2001 foi reconhecida pela Unesco como Patrimônio Mundial.

O fim das colheitas marca o período em que o festival deve começar; porém, epidemias e secas também podem evocar a realização dessa manifestação cultural. O festival é celebrado por meio de cânticos e danças que evocam mitos da tradição iorubá.

Durante o evento, músicos, cantores e dançarinos se apresentam em praça pública. Os dançarinos utilizam trajes e máscaras confeccionados e esculpidos especialmente para a cerimônia. Algumas máscaras representam entidades femininas que relembram a tradição matriarcal da cultura iorubá, em que as mulheres são parte central da organização social e da cosmogonia.

A dança é caracterizada por movimentos ágeis dos pés que, por vezes, lembram passos de sapateado. Uma prática comum entre dançarinos dessa manifestação cultural é conhecida pela expressão *mu eti aso*, que pode ser traduzida como "dance o vestido", isto é, a vestimenta utilizada também tem propriedades dançantes.

Dança no Festival Gelede, em Benim. Foto de 2019.

DANITA DELIMONT/ALAMY/FOTOARENA

• As danças no Carnaval de Oruro

O Carnaval que acontece na cidade de Oruro, na Bolívia, foi oficializado como Patrimônio Mundial em 2001. Essa manifestação cultural é herança de celebrações incas, um dos povos originários da região **andina**, que se misturaram a costumes cristãos dos colonizadores espanhóis.

A procissão, um dos principais eventos desse Carnaval, é realizada durante dois dias e conta com a participação de mais de 28 mil dançarinos divididos em cerca de cinquenta grupos carnavalescos. Nesse momento, 18 danças folclóricas são apresentadas, cada uma com trajes, adereços, personagens e coreografias próprios. Entre as coreografias está a dança conhecida como Diablada, símbolo do Carnaval de Oruro, que é apresentada por cinco diferentes grupos e com variações de estilo entre todos eles.

Andino: relativo à cordilheira dos Andes, cadeia montanhosa contínua situada ao longo da costa ocidental da América do Sul.

AIZAR RALDES/AFP

Dança Diablada no Carnaval de Oruro, na Bolívia. Foto de 2016.

Na Diablada, encena-se o combate entre o bem e o mal, mesclando elementos da cultura andina e das práticas religiosas da cultura espanhola, com alusões ao cristianismo nas representações de céu e inferno. Trata-se, portanto, de uma manifestação cultural sincrética. A participação na procissão só é possível por meio da associação a um dos grupos carnavalescos. Os participantes passam diversos meses confeccionando os adereços e as fantasias na preparação para o Carnaval.

2 A dança como patrimônio cultural imaterial do Brasil

No Brasil, existem diversos bens culturais que também são reconhecidos como Patrimônio Mundial pela Unesco. Entre eles estão a roda de capoeira, o samba de roda e o frevo, descritos a seguir.

Roda de capoeira

A capoeira é uma manifestação cultural afro-brasileira, criada por escravizados por meio da combinação de movimentos de dança, música e jogos trazidos e herdados da África, com golpes marciais. Tornou-se uma forma de resistência cultural e física ao sistema escravista. Os senhores temiam a prática da capoeira, pois acreditavam que ela poderia incentivar uma rebelião dos escravizados, mas, mesmo após o fim da escravidão, em 1888, a capoeira continuou sendo uma prática criminalizada.

Durante o começo do século XX, quem praticasse capoeira em espaços públicos poderia ser preso por até seis meses. Apenas na década de 1930 essa prática deixou de ser crime. Diante desse contexto de marginalização e criminalização, a inclusão da roda de capoeira como Patrimônio Mundial, em 2014, pode ser considerada uma vitória do movimento negro, que resistiu e manteve a prática viva por tanto tempo.

Johann Moritz Rugendas. *Jogo de capoeira*, 1835. Óleo sobre tela, 17,0 cm × 24,8 cm.

BIBLIOTECA MARIO DE ANDRADE, SÃO PAULO. FAC-SÍMILE: ID/BR

A capoeira se faz na roda. Nela, os capoeiristas tocam instrumentos, como o berimbau, o agogô, o pandeiro, o atabaque, o caxixi e o reco-reco, cantam e batem palmas. Ao centro da roda, dois capoeiristas gingam e realizam movimentos e golpes como o Aú, utilizado para se esquivar do oponente, e o Martelo, que é um movimento feito com a sola do pé.

O saber da prática da capoeira é transmitido pelos mestres e contramestres, e existem variações regionais da roda. Tais variações podem determinar mudanças na transmissão do conhecimento e dos movimentos corporais. As mais conhecidas variações da roda de capoeira são:

Assista ao audiovisual ***Roda de capoeira***, realizado pelo Instituto do Patrimônio Histórico e Artístico Nacional (Iphan), que aborda as principais características dessa manifestação cultural. Veja a referência completa na seção "Para ler, ouvir e ver", ao final da Unidade.

- **Capoeira angola:** os movimentos são feitos, usualmente, de modo rasteiro, mais próximos do chão e de maneira mais lenta. O mestre ensina a imprevisibilidade aos capoeiristas, que devem simular golpes para surpreender o adversário.

CESAR DINIZ/PULSAR IMAGENS

Roda de capoeira em Ruy Barbosa (BA). Foto de 2014.

- **Capoeira regional:** os movimentos são precisos, com acrobacias e saltos. O mestre ensina disciplina e conduz rígidos treinamentos.

SERGIO PEDREIRA/PULSAR IMAGENS

Roda de capoeira em Salvador (BA). Foto de 2019.

Samba de roda do Recôncavo Baiano

Com sua origem remontando ao século XVII, o samba de roda é uma manifestação cultural que envolve músicas, danças e poesia. É tradicionalmente praticado no estado da Bahia, na região do Reconcâvo Baiano, que abrange cidades como Cachoeira e Santo Amaro. O samba de roda foi concebido por escravizados africanos, mas também tem influência cultural portuguesa, que pode ser notada no uso da viola, instrumento de origem europeia que acompanha a melodia das canções. Tornou-se Patrimônio Mundial em 2004.

MARCO ANTÔNIO SÁ/PULSAR IMAGENS

Samba de roda em Laranjeiras (SE). Foto de 2013. Embora apenas o samba de roda do Recôncavo Baiano seja reconhecido como patrimônio mundial, esse tipo de manifestação existe em outras partes do país, especialmente em comunidades quilombolas de diferentes estados e regiões.

Como o nome já revela, os participantes dessa manifestação cultural se organizam em roda, onde ao centro dançam, em sua maioria, mulheres. Elas vão se colocando no meio do círculo formado pelos outros participantes, que cantam e batem palmas. Entre as principais características da dança estão:

- **Movimentação da cintura para baixo:** embora o corpo todo possa se mexer no samba de roda, o destaque da movimentação é o trabalho com as partes inferiores do corpo, da cintura para baixo.
- **Miudinho:** sapateado curto em que os pés quase não deixam o chão. Pode ser feito para diferentes direções (para a frente, para trás, para a direita, para a esquerda).
- **Umbigada:** movimento coreográfico também presente em outras manifestações culturais brasileiras, como o jongo e o tambor de crioula, em que dois dançarinos encostam as barrigas.
- **Alternância de dançarinos:** os participantes do samba de roda geralmente alternam suas participações na dança. Em alguns grupos, somente um dançarino de cada vez pode estar ao centro da roda.
- **Improvisação:** os dançarinos têm liberdade de se expressar no samba de roda e improvisar movimentos e passos.

Frevo

As origens do frevo estão relacionadas ao contato dos sons das bandas marciais com os movimentos dos capoeiristas durante o século XIX, em Recife. Atualmente, o frevo é parte essencial do carnaval de rua dessa cidade e foi declarado, em 2012, Patrimônio Mundial pela Unesco.

LEO CALDAS/PULSAR IMAGENS

Passistas de frevo em Recife (PE). Foto de 2018.

Os dançarinos de frevo usam roupas e sombrinhas coloridas, as quais auxiliam no equilíbrio dos passistas durante as acrobacias. A relação com a capoeira pode ser notada em alguns dos passos dessa dança:

> [...] os golpes da capoeira sugerem movimentos de ataque e defesa, muitos passos do frevo mantêm essa característica, como *chutando de frente*, *pernada*, *abre-alas*, *rojão* e *tramela*, passos firmes e agressivos. No *abre-alas*, por exemplo, parece que o passista está se preparando para brigar, dançando com as pernas abertas e os braços se movimentando para frente como se dessem socos no ar. No entanto, diferentemente do que ocorre na capoeira, no passo os dançarinos praticamente não se tocam e quase não há movimentos com as mãos no chão. Na atualidade, alguns coreógrafos e passistas acrescentam aos passos do frevo golpes de capoeira em suas apresentações [...].
>
> Yeda Barbosa (coord.). *Frevo*. Brasília: Iphan, 2016. v. 14. (Dossiê Iphan). p. 38. Disponível em: http://portal.iphan.gov.br/uploads/ckfinder/arquivos/DossieIphan14_Frevo_web.pdf. Acesso em: 23 fev. 2022.

Os papéis e movimentos na dança se modificam de acordo com a idade, mas em geral a distensão dos membros, os saltos e a expressão de vigor e alegria no rosto dos dançarinos são as principais características. Veja a seguir um infográfico com alguns dos principais passos do frevo.

Passos do frevo

Ponta de pé e calcanhar

O passista toca a ponta de um dos pés no chão e, em seguida, encosta o calcanhar no chão.

FLAVIO RIBEIRO/ID/BR

Tesoura

O passista estende uma das pernas à direita e, em seguida, à esquerda, marcando o calcanhar no chão. Durante essa movimentação, as pernas devem se cruzar e a sombrinha deve ser segurada com a mão direita.

FLAVIO RIBEIRO/ID/BR

FLAVIO RIBEIRO/ID/BR

Ferrolho

O passista estende uma das pernas para um lado, encostando o calcanhar no chão. Em seguida, faz o mesmo movimento com a outra perna. Os braços se movem na mesma direção em que a perna for estendida.

Parafuso

O passista, com as pernas cruzadas e flexionadas, transfere o peso do corpo de um pé para o outro.

Saci-pererê

O passista encaixa o pé direito atrás do joelho esquerdo. Em seguida, move o joelho direito para a frente e para trás. Por fim, troca o posicionamento das pernas, repetindo o movimento.

Carpado

O passista salta no ar com as pernas afastadas uma da outra.

EXPLORANDO NA REDE

Pesquisando a dança nos patrimônios culturais brasileiros

Você conheceu algumas danças brasileiras e de outros países e a importância de sua preservação. Nesta seção, você vai pesquisar mais elementos de dança nas manifestações culturais brasileiras reconhecidas como Patrimônio Mundial.

1. Organizem-se em três grupos e pesquisem em *sites* e outras fontes de consulta na internet informações sobre a roda de capoeira, o samba de roda e o frevo.
2. Cada grupo se encarregará de pesquisar uma dessas três manifestações. Dividam os temas de acordo com a preferência e a afinidade dos grupos ou realizem um sorteio para definir a pesquisa de cada um.
3. Leiam novamente a seção "A dança como patrimônio cultural imaterial do Brasil", desta Unidade, e anotem as características do contexto histórico e dos movimentos da dança apresentados.
4. Utilizando as plataformas de busca na internet, escrevam os nomes das manifestações culturais a serem pesquisadas e façam o levantamento das informações, lembrando-se de marcar as fontes consultadas.
5. Procurem fotos e vídeos das manifestações sendo realizadas.
6. Em cada foto e vídeo, busquem identificar os principais movimentos corporais de cada dança.
7. Pesquisem textos e depoimentos sobre a importância dessas manifestações para as comunidades da qual fazem parte.
8. Reúnam as informações e planejem uma apresentação para a turma que contenha:
   - os nomes dados aos movimentos realizados;
   - as principais características dos movimentos;
   - vídeos e fotos dos movimentos sendo executados pelos participantes;
   - menções à importância da manifestação para a comunidade da qual ela faz parte, exemplificadas por meio de citações ou trechos de depoimentos de participantes e membros da comunidade.
9. Apresentem o resultado da pesquisa de seu grupo para os colegas da turma. Certifiquem-se de mostrar os vídeos e as fotos reunidos por vocês, incorporando a sua apresentação a descrição dos movimentos e suas características, bem como as informações sobre a importância da manifestação cultural pesquisada para a comunidade da qual faz parte.
10. Por fim, troquem ideias compartilhando o processo de pesquisa, o que vocês acharam mais interessante, se encontraram dificuldades e como refletiram sobre a questão da importância dessas manifestações culturais.

ARTE DO AMANHÃ

A valorização dos mestres da cultura brasileira

Os mestres são responsáveis pela transmissão e pelo compartilhamento do conhecimento de práticas tradicionais, como a capoeira. Eles são a tradição viva, e seus ensinamentos são de grande importância para a preservação dos patrimônios culturais brasileiros. O projeto Mestres da Cultura Tradicional Popular reuniu em um livro a experiência desses mestres no estado do Ceará. Por meio dessa iniciativa, os mestres recebem uma renda mensal que permite que continuem realizando suas atividades e compartilhando suas tradições.

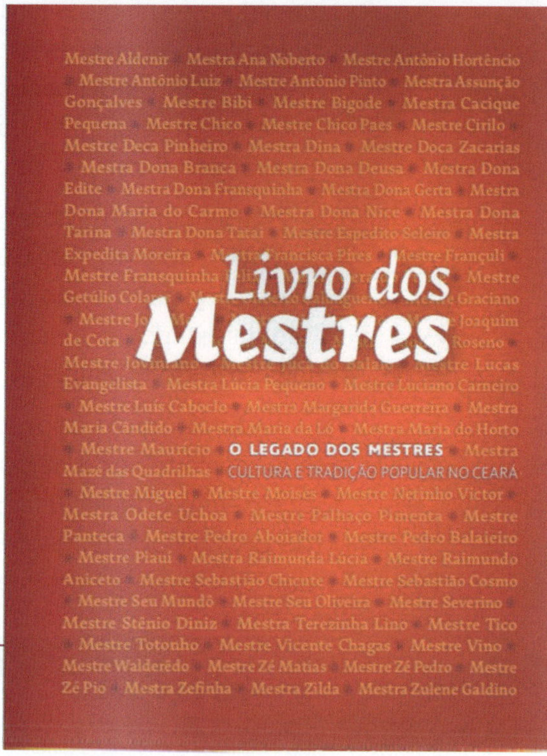

FUNDAÇÃO WALDEMAR ALCÂNTARA/ARQUIVO DA EDITORA

Capa do *Livro dos mestres – o legado dos mestres: cultura e tradição popular no Ceará.*

Os Mestres da Cultura Tradicional Popular são a representação mais genuína do povo cearense. Tem vaqueira, sineiro, rezadeira, brincantes de reisado, de maneiro-pau, maracatu, banda cabaçal, dança de São Gonçalo e do coco, pastoril e boi. Manipulador de calunga, rendeiras, palhaço, escultor, cordelistas, dramista, artesão, artista plástico, xilógrafo, cantora de benditos, penitentes, cacique e pajé.

[...]

Todos eles exercem ofícios que se misturam entre as obrigações e prazeres da lida diária, inventam artefatos e mundos, numa espécie de magia que religa homem e natureza. Constroem um processo ativo de transmissão de práticas, de valores. Passam seus modos de fazer para outras gerações, que criam e reinventam o que aprenderam, fazendo com que a cultura tradicional permaneça viva e dinâmica.

O ofício de cada um dos Mestres é sobretudo criação, seja através da festa, da música e da dança, seja através do trabalho manual, do trabalho experimental. Em tudo o que produzem existem mãos, ideias e fantasia. [...]

Dora Freitas; Silvia Furtado (org.). *Livro dos mestres – o legado dos mestres*: cultura e tradição popular no Ceará. Fortaleza: Fundação Waldemar Alcântara, 2017. p. 36.

Ações como essa são importantes para a valorização dos saberes tradicionais da cultura brasileira. Por meio do reconhecimento da sabedoria adquirida ao longo dos anos, a transmissão do conhecimento desses mestres também auxilia a sociedade a respeitar e valorizar a figura do idoso.

3 O movimento na dança

Todas as pessoas têm características próprias ao se movimentar no dia a dia. Cada ser humano tem uma forma de lidar com o espaço, um ritmo ao falar ou se mexer, uma intensidade ao manusear os objetos e uma maneira mais contida e/ou mais livre de se expressar no espaço. Com base nessas características, podemos escolher alguns aspectos que nos ajudam a compreender melhor nosso **movimento corporal** e como podemos desenvolver novas características e ampliar nosso repertório de movimentos. Para isso, podemos pensar em dinâmicas do movimento.

Conhecendo, observando e analisando essas dinâmicas, é possível adquirir recursos para usar os movimentos durante um processo criativo e para a elaboração de coreografias. Como exemplo, podemos citar os seguintes tipos de movimento: aberto – fechado; forte – fraco; pesado – leve; rápido – lento.

O coreógrafo eslovaco Rudolf Laban (1879-1958), cuja visão acerca do movimento foi introduzida no volume 6 desta coleção, criou uma terminologia que permite identificar aspectos comuns a qualquer movimento humano, além de possibilitar uma criativa experimentação por meio dessa base. Ele classificou os fatores do movimento como **peso**, **tempo**, **espaço** e **fluência**.

Fatores do movimento			
Peso	Tempo	Espaço	Fluência
Firme ou suave	Súbito ou sustentado	Direto ou flexível	Controlado ou livre
Forte ou fraco	Rápido ou lento (velocidade)	Direto ou ondulante (direção)	Parado ou liberado
Pesado ou leve	Curto ou longo (duração)	Direto ou flexível (expansão)	Fluido e interligado

Fonte: Rudolf Laban. *Domínio do movimento*. São Paulo: Summus, 1978. p. 126.

Por exemplo, quando dançamos, podemos fazer movimentos em uma velocidade lenta ou rápida (tempo). Esses vários movimentos são interligados entre si (fluência) e podem ocupar diferentes níveis – alto, médio e baixo (espaço). Além disso, os movimentos podem ser executados de maneira mais suave ou mais firme (peso). Vale destacar que os fatores do movimento de Rudolf Laban são uma das ferramentas disponíveis para analisar o movimento.

Outro aspecto importante é considerarmos o contexto social, cultural e histórico em que a dança está inserida. Cada cultura, com base em sua visão de mundo, molda suas danças. As características corporais de um indivíduo, sua postura e seu modo de andar, gesticular e dançar são produto de uma série de acontecimentos e vivências desse corpo em determinado contexto cultural. No caso das danças populares brasileiras, existe grande variação de movimentos, com muita diversidade de dinâmicas e fatores de movimento.

Conhecendo movimentos e criando coreografias

Nesta atividade, por meio da observação do movimento dançado, com base nos vídeos e nas imagens pesquisados e apresentados na seção "Explorando na rede", vamos analisar as características dos movimentos presentes em diferentes danças brasileiras consideradas Patrimônio Mundial.

Etapa 1

1. Vejam novamente os vídeos e as fotos da roda de capoeira, do samba de roda e do frevo, na seção "Explorando na rede".

2. Atentem aos movimentos apresentados no vídeo e busquem identificar os fatores de movimento de Rudolf Laban na execução da dança: peso, tempo, espaço e fluência.

3. No caderno, construam uma tabela com os seguintes elementos:

Dinâmicas dos movimentos					
Nome da dança	Peso	Tempo	Espaço	Fluência	Outras características
1. Roda de capoeira					
2. Frevo					
3. Samba de roda					

4. Assistam novamente aos vídeos e tentem preencher cada item da tabela com o maior número de detalhes que conseguirem.

5. Em seguida, formem grupos de cinco estudantes e comparem as tabelas.

6. Conversem sobre as diferenças e as semelhanças que encontraram e elaborem apenas um quadro, em uma cartolina, reunindo todas as informações que conseguiram observar.

7. Por fim, o grupo deve fixar a cartolina na lousa. Com o(a) professor(a), observem as características que apareceram com mais frequência nos quadros e debatam as diferenças encontradas.

Etapa 2

1. Utilizando os dados da pesquisa, vocês vão elaborar uma coreografia de até 2 minutos que contemple algumas das características apontadas.

2. Selecionem e organizem os movimentos identificados nos vídeos que mais os inspiraram, mas não os copiem! Utilizem-nos como ponto de partida.

3. Lembrem-se de que a dança acontece em um espaço definido pelo grupo e que, portanto, é preciso considerar o posicionamento de cada membro nele (exemplos: em fila, círculo e/ou quais serão os deslocamentos e a direção, etc.).

4. Escolham, ainda, a música para acompanhar a coreografia, selecionando-a previamente.

FABIO EIJI SIRASUMA/ID/BR

5. Cada grupo deve fazer a apresentação das coreografias para o restante da turma.

6. Após a apresentação, o grupo deve explicar quais foram os movimentos que serviram de inspiração para a criação de sua coreografia.

7. Depois da apresentação de todos os grupos, conversem sobre a experiência de criação de uma coreografia e de que maneira o trabalho de pesquisa os auxiliou nesse processo criativo.

TROCANDO IDEIAS

- Com base nas perguntas a seguir, reflita sobre o que foi abordado nesta Unidade e converse com os colegas e o(a) professor(a).

a) Mencione duas manifestações culturais de dança estudadas nesta Unidade e suas características.

b) Com base em sua experiência na seção "Mãos à obra", comente como os fatores de movimento propostos por Rudolf Laban podem auxiliar no processo criativo em dança.

EM POUCAS PALAVRAS

Nesta Unidade, você:

- reconheceu diferentes manifestações populares das danças brasileira e estrangeira que são consideradas Patrimônio Mundial;
- explorou novos movimentos na criação em dança por meio da análise de danças populares;
- construiu uma coreografia com base no do estudo dos fatores de movimento propostos por Rudolf Laban;
- conheceu e aprendeu a respeitar a importância dos mestres da tradição na cultura popular.

PARA LER, OUVIR E VER

Livro

- ***Livro dos mestres – o legado dos mestres*: cultura e tradição popular no Ceará**, de Dora Freitas e Silvia Furtado (org.). Fortaleza: Fundação Waldemar Alcântara, 2017.

  O livro reúne relatos e fotos dos 79 mestres da cultura popular tradicional do Ceará.

Audiovisual

- ***Roda de capoeira***, direção de Marcia Medeiros. Brasil: Ministério da Cultura (Iphan), 2014. Disponível em: https://www.youtube.com/watch?v=yE3diemWu1o. Acesso em: 12 mar. 2022.

  Audiovisual com 10 minutos de duração que aborda os aspectos históricos e as principais características da roda de capoeira.

UNIDADE 3

MÚSICA E PATRIMÔNIO CULTURAL

Como você viu nas Unidades anteriores, o patrimônio cultural pode ser formado por elementos materiais, como um conjunto arquitetônico, e elementos imateriais, como o modo de preparar um alimento e a realização de festividades tradicionais.

A música também pode estar presente em diversas práticas que formam o patrimônio cultural e, muitas vezes, está vinculada a outras linguagens artísticas, como a dança. Nesta Unidade, você vai explorar a musicalidade de algumas manifestações culturais brasileiras: o samba de roda do Recôncavo Baiano, realizado na Região Nordeste; o samba do Rio de Janeiro, o carimbó, que ocorre na Região Norte; e os rituais dos indígenas Kalapalo, que vivem na Região Centro-Oeste. O samba, o carimbó e o samba de roda são manifestações reconhecidas como Patrimônio Cultural Imaterial pelo Instituto do Patrimônio Histórico e Artístico Nacional (Iphan). Já os rituais dos Kalapalo ainda estão em processo de reconhecimento oficial pelo Iphan, mas, sem dúvida, representam práticas de valor cultural inestimável para os brasileiros e para o mundo.

Grupo de carimbó. Santarém (PA). Foto de 2017.

LUCIANA WHITAKER/PULSAR IMAGENS

TROCANDO IDEIAS

- Converse com os colegas e o(a) professor(a) sobre a musicalidade em manifestações culturais brasileiras e responda às perguntas a seguir.

a) Quais Patrimônios Culturais Imateriais brasileiros você conhece que apresentam musicalidade? Descreva os elementos musicais neles presentes, como instrumentos, canções e ritmos. A musicalidade é parte dos motivos que tornaram essa manifestação cultural um patrimônio? Justifique.

b) A foto que abre esta Unidade apresenta um grupo de tocadores de carimbó. Quais são os elementos ligados à prática musical que você reconhece nessa foto?

1 A musicalidade do samba de roda

O samba de roda é uma manifestação cultural que reúne as linguagens da música e da dança e pode ser realizada em diferentes ocasiões e festividades. Como foi visto na Unidade 2, essa expressão artística é praticada em todo o estado da Bahia, especialmente na região do Recôncavo Baiano, que corresponde às cidades localizadas em torno da baía de Todos os Santos, como Camaçari, Cachoeira, Cruz das Almas, Milagres, Santo Amaro, Santo Antônio de Jesus, São Felipe, São Félix e São Miguel das Matas. São, ao todo, 28 cidades que compartilham um espaço geográfico com características econômicas, sociais e culturais em comum, sendo o samba de roda um grande representante da identidade dos habitantes do Recôncavo. Com base em sua importância, essa manifestação recebeu da Unesco, em 2005, o título de Patrimônio Mundial.

SERGIO PEDREIRA/PULSAR IMAGENS

Homens e mulheres praticam o samba de roda. Santo Amaro (BA). Foto de 2017.

RUBENS CHAVES/PULSAR IMAGENS

Moradores no rio Paraguaçu, que desemboca na baía de Todos os Santos. Cachoeira (BA). Foto de 2016.

A musicalidade do samba de roda é formada pelo toque de instrumentos de percussão e de corda, pelo bater de palmas e também por cantos tradicionais. Os principais instrumentos de percussão utilizados no samba de roda são:

- **Pandeiro:** trata-se de um tambor de aro estreito com **platinelas** acopladas a ele. É tocado com as mãos.

Platinela: pequena chapa de metal em formato circular, disposta ao redor do aro do pandeiro, geralmente distribuída em pares.

Membranofone: tipo de instrumento musical em que os sons são obtidos principalmente pela vibração de membranas distendidas.

MARCIO CARQUEIJA/ACERVO DO FOTÓGRAFO

Instrumentista do grupo de samba de roda Filhos de Oyo toca o pandeiro. Camaçari (BA). Foto de 2018.

- **Atabaque e timbales:** instrumentos **membranofones**, em que se percute com as mãos uma membrana de couro ou sintética na parte superior.

MARCIO CARQUEIJA/ACERVO DO FOTÓGRAFO

Instrumentista do grupo de samba de roda Filhos de Oyo toca o atabaque. Camaçari (BA). Foto de 2018.

- **Ganzá e taubinhas:** o ganzá é uma espécie de chocalho geralmente feito com um tubo de palha, metal ou plástico que é preenchido com sementes ou grãos de cereais. O som é produzido agitando-se o instrumento com uma das mãos, em movimentos repetitivos, para a frente e para trás. Já as taubinhas são formadas por um par de tábuas de madeiras que produzem som, cumprindo função semelhante às das palmas na roda, ao serem batidas uma na outra.

MARCIO CARQUEIJA/ACERVO DO FOTÓGRAFO

Instrumentista do grupo de samba de roda Filhos de Oyo toca as taubinhas. Camaçari (BA). Foto de 2018.

- **Prato e faca:** combinação de um prato de cozinha, de preferência esmaltado, que é percutido arranhando-se uma faca em sua borda. Ao contrário dos outros instrumentos, o prato e faca é tocado geralmente por mulheres.

XANDO P./AGÊNCIA A TARDE/ESTADÃO CONTEÚDO

A percussionista baiana Edith Nogueira (1916-2009), também conhecida como Edith do Prato, toca o prato e faca. Salvador (BA). Foto de 2005.

Na musicalidade do samba de roda, o bater das palmas das mãos, que produz um acompanhamento rítmico, também é muito importante e é feito por todos os participantes da roda e pelas pessoas que estão assistindo.

Além da percussão, instrumentos de corda estão presentes na sonoridade dessa manifestação cultural. Um exemplo é o machete, uma viola feita de forma artesanal e composta de dez cordas que estão dispostas em seu corpo, em cinco duplas. Esse instrumento é menor e produz sons mais agudos que o violão.

MARCIO CARQUEIJA/ACERVO DO FOTÓGRAFO

Tocador de machete do grupo de roda Filhos do Caquende, no município de Simões Filho (BA). Foto de 2018.

Por ser produzido artesanalmente e apenas por conhecedores do instrumento, o machete tem se tornado raro no samba de roda, sendo substituído por violas produzidas industrialmente. Isso tem alterado a musicalidade da manifestação, já que a afinação e a sonoridade das violas industriais são diferentes das do machete.

SOCIÉTÉ DE GÉOGRAPHIE, PARIS. FOTOGRAFIA: ID/BR

Tocador de machete, em Pernambuco, no século XIX. A musicalidade do samba de roda é uma herança das práticas culturais de escravizados africanos e seus descendentes.

A expressão do samba de roda é conectada a tradições culturais transmitidas por africanos escravizados e seus descendentes, como o culto aos orixás e a capoeira, que se misturaram a elementos culturais portugueses, como o toque da viola e a língua portuguesa presente nas letras dos cantos, que falam do cotidiano e da religiosidade dos praticantes.

No samba de roda, os praticantes são chamados de sambadores e sambadeiras, ao contrário de sambistas, termo utilizado geralmente em outras manifestações culturais brasileiras de samba. Existem dois tipos principais de samba de roda: o **samba corrido** e o **samba chula**, também conhecido como **barravento**.

MARCIO CARQUEIJA/ACERVO DO FOTÓGRAFO

Grupo de samba de roda Filhos do Caquende, no município de Simões Filho (BA). Foto de 2018.

Solista: cantor ou instrumentista que canta ou toca sozinho um trecho de música ou a música inteira.

No samba corrido, o canto vai se alternando entre os **solistas** e a resposta em coro dos participantes. Várias pessoas podem dançar e cantar ao mesmo tempo, desde que não se desfaça a roda de samba. Uma ou várias pessoas podem entrar na roda ao mesmo tempo e em qualquer momento da canção. Dessa forma, o samba corrido se caracteriza pela realização simultânea de dança, canto e toques de instrumentos.

Já no samba chula ninguém dança enquanto os solistas estão cantando. Depois do solo vem a resposta cantada em coro. Quando a parte cantada é concluída, uma pessoa de cada vez pode sambar no meio da roda. Nesse momento, ninguém canta e é a viola que passa a dialogar com a dança, sendo acompanhada pelos instrumentos e por palmas.

No samba chula, o uso da viola, especialmente a viola fabricada de acordo com o modo de fazer da cultura local, o machete, é mais importante que no samba corrido. Os dois tipos de samba podem acontecer com ou sem viola, mas no samba chula a presença desse instrumento é mais constante. A viola também pode ser substituída por violão, cavaquinho ou bandolim.

Durante a chula cantada, as palmas são batidas suavemente para não atrapalhar os cantadores. Quando o canto termina, todos recomeçam a bater as palmas com mais intensidade. O samba chula também se caracteriza pelo **canto responsorial** e repetitivo. Nesse canto, a estrofe principal, conhecida igualmente pelo termo chula, é cantada por um ou dois cantores, e a resposta é cantada por todos os presentes.

Canto responsorial: tipo de canto coletivo em que a voz de um solista canta os versos principais e chama a resposta das outras vozes para os demais versos do canto.

MARCIO CARQUEIJA/ACERVO DO FOTÓGRAFO

Grupo de samba de roda Filhos de Oyo, Camaçari (BA). Foto de 2018.

A pulsação e o ritmo do samba de roda

Como já visto no volume 7 desta coleção, na música popular, a pulsação é, na maior parte dos casos, regular, ou seja, ela se repete e pode ser acompanhada com batidas dos pés ou com palmas. No diálogo entre as linguagens da música e da dança, a pulsação é um dos principais elementos de ligação entre a musicalidade e o movimento corporal.

O ritmo é um conjunto de sons regulares que se repetem e formam estruturas rítmicas nos intervalos entre as pulsações. Os ritmos regulares das batidas de palmas no samba de roda são uma das principais características da sonoridade dessa manifestação cultural.

ATIVIDADES

1. Reproduza a faixa 1, que apresenta um trecho da canção "Eu vi o sol, vi a lua clarear", e aproveite para conhecer e acompanhar a letra a seguir.

Eu vi o sol, vi a lua clarear

Eu vi o sol
Vi a lua clarear
Eu vi meu bem
Dentro do canavial

Eu vi o sol
Vi a lua clarear
Eu vi meu bem
Dentro do canavial

Minha zabelê
minha zabelê
toda meia-noite
eu sonho com você

Minha zabelê
minha zabelê
toda meia-noite
eu sonho com você

Grupo Samba de Roda Amor de Mãe. Eu vi o sol, vi a lua clarear. Em: *Samba de Roda – Patrimônio da Humanidade*. Iphan, 2005. 1 CD.

PEDRO HAMDAN/ID/BR

2. Por meio das características sonoras que escutou na faixa 1, você identifica essa gravação como um samba de roda corrido ou chula? Justifique sua resposta.

2

3. Ouça a faixa 2, que apresenta um trecho da gravação da canção "Arrasta a sandália", e aproveite para conhecer e acompanhar a letra a seguir.

Arrasta a sandália

Arrasta a sandália aí
Sou eu morena
Arrasta a sandália aí
Sou eu morena

Arrasta a sandália aí
Sou eu morena
Arrasta a sandália aí
Sou eu morena

Grupo Sambadores de Mutá e Pirajuía. Arrasta a sandália. Em: *Samba de Roda – Patrimônio da Humanidade*. Iphan, 2005. 1 CD.

PEDRO HAMDAN/ID/BR

4. Por meio das características sonoras identificadas na faixa 2, você identifica essa gravação como um samba de roda corrido ou chula? Justifique sua resposta.

MÃOS À OBRA

Cantando um samba de roda: ritmo e pulsação

Nesta atividade, você vai ouvir e realizar a marcação da pulsação e do ritmo de uma canção de samba de roda.

3 **1** Ouça a faixa 3, que contém a marcação da pulsação da canção "Arrasta a sandália" por meio da batida de palmas. Na faixa, primeiro você vai escutar apenas o som das palmas e, em seguida, o som das palmas marcando a pulsação da canção.

4 **2** Agora escute a faixa 4, que contém a marcação de uma estrutura rítmica característica da canção "Arrasta a sandália" por meio da batida de palmas. Na faixa, primeiro você vai escutar apenas o som das palmas e, em seguida, o som das palmas marcando o ritmo junto com a canção.

3 4 **3** Escute novamente as faixas 3 e 4 e responda às seguintes perguntas:

- As palmas se apresentaram em momentos diferentes da canção?
- Você percebeu alguma diferença na sonoridade das palmas em cada uma das faixas?

2 **4** Ouçam novamente a faixa 2, formem uma roda e organizem-se em dois grupos:

Grupo A: Os estudantes deste grupo devem bater palmas de acordo com a pulsação da faixa.

Grupo B: Os estudantes deste grupo devem bater palmas de acordo com o ritmo da faixa.

FABIO EIJI SIRASUMA/ID/BR

5 Em seguida, vocês devem ensaiar o canto da canção. Ouçam novamente a faixa 2, cantem a letra da canção e batam as palmas de acordo com seu grupo.

6 Vocês podem eleger um estudante da turma para ser o solista, ou seja, quem vai puxar o canto da música. O restante da turma será o coro.

FABIO EIJI SIRASUMA/ID/BR

7 Agora, sem o auxílio da faixa 2, batam palmas e cantem a canção "Arrasta a sandália".

8 Não se esqueçam de que, no samba de roda, a música e a dança estão interligadas. Por isso, vocês podem dançar ao ritmo da canção que estão criando.

FABIO EIJI SIRASUMA/ID/BR

O samba carioca

Entre as variações de samba existentes no Brasil, merece destaque o samba carioca por sua ampla disseminação no país, por ser considerado um símbolo da cultura brasileira e pela riqueza de suas matrizes, constituindo um grande exemplo de resistência cultural da população africana e de seus descendentes.

Como capital da colônia portuguesa a partir de 1763, a cidade do Rio de Janeiro atraiu um grande contingente de pessoas das mais diversas partes do território brasileiro. No fim do século XIX, a saída de migrantes da Bahia em direção ao Rio de Janeiro, conhecida por estudiosos como "**diáspora** baiana", gerou um crescimento da população negra afrodescendente na cidade. Essa população se instalou especialmente na região central do Rio de Janeiro, em locais como o Morro da Conceição, a Praça Mauá, a Praça Onze, a Pedra do Sal e a Cidade Nova. Essa região da cidade, especialmente a Praça Onze, passou a ser conhecida como "Pequena África".

Diáspora: deslocamento em massa de um grupo populacional de uma região para outra.

Muitas baianas afrodescendentes que se estabeleceram nesses locais ficaram conhecidas por abrigar e por divulgar expressões da cultura negra que praticavam na Bahia, especialmente a religião do candomblé e o samba. Essas baianas passaram a ser conhecidas como "Tias baianas", e reuniam suas comunidades mediante a prática de rituais religiosos, da música e da dança no samba e de sua culinária.

Dentre essas "Tias baianas", Hilária Batista de Almeida (1854-1924), conhecida como Tia Ciata, foi a mais famosa e uma das mais importantes para a solidificação do samba carioca. Ela e outras tias abrigaram em suas casas reuniões de sambistas pioneiros como Pixinguinha (1897-1973), que, como visto no volume 7 desta coleção, também fez parte da consolidação do gênero musical chorinho, o compositor e pintor Heitor dos Prazeres (1898--1966) e o instrumentista e também compositor Sinhô (1888-1930).

ACERVO DA ORGANIZAÇÃO CULTURAL REMANESCENTES DE TIA CIATA, RIO DE JANEIRO. FOTOGRAFIA: ID/BR

Retrato de Tia Ciata (data desconhecida).

A música "Pelo telefone" foi composta na casa de Tia Ciata. O caráter de improvisação musical dessas reuniões de sambistas gerou diversas variações dessa mesma canção no período. Porém, em 1917, a canção foi registrada pelos compositores Ernesto do Santos (1890-1974), conhecido como Donga, e Mauro de Almeida (1882-1956) na Biblioteca Nacional do Rio Janeiro, tornando-se a primeira música a ser gravada com a designação de **samba**. No período, os sambistas eram perseguidos e vigiados pelas autoridades governamentais, assim como praticantes de outras práticas de matrizes africanas, por isso o registro da palavra **samba** em uma gravação fonográfica é reconhecido atualmente como uma vitória da comunidade afrodescendente. Era o início da legitimidade desse gênero musical. Nesse contexto de perseguições, as reuniões nas casas das "tias" foram também fundamentais para que esse gênero musical sobrevivesse e resistisse.

Em 2007, o Iphan registrou o samba do Rio de Janeiro como um Patrimônio Cultural Imaterial brasileiro. Durante o processo de classificação, o instituto desenvolveu um dossiê que relata as características dessa manifestação cultural, identificando três variações ou subgêneros: o **samba de terreiro**, o **samba de partido-alto** e o **samba-enredo**.

COLEÇÃO PARTICULAR. FOTOGRAFIA: JOÃO BARCELOS/ACERVO DO ARTISTA

João Barcelos. *Roda de samba*, 2011. Óleo sobre tela, 40 cm × 50 cm.

O cantor e compositor Ismael Silva (1905-1978), com outros sambistas de sua época, como Bide (1902–1975), fundou no bairro Estácio, em 1927, a primeira escola de samba, conhecida como Deixa Falar. Esses locais eram espaços para convivência, troca de experiências, construção de redes de solidariedade, onde se cantava, tocava e dançava samba. As escolas organizavam desfiles carnavalescos e, por isso, adaptaram a estrutura rítmica do samba para que os sambistas pudessem cantar e caminhar ao mesmo tempo. A invenção do surdo, instrumento percutido com uma baqueta, por Bide, foi fundamental para essa mudança no som, assim como o desenvolvimento dos sambas-enredos.

A partir da estruturação progressiva das escolas de samba, no final da década de 1920, criou-se o **samba-enredo**, aquele em que o compositor elabora os seus versos para apresentação no desfile. Ao longo do tempo, ele adquiriu características próprias, como a capacidade narrativa de descrever de maneira melódica e poética uma "história" – o enredo – que se desenrola durante o desfile. [...] O samba-enredo agrega características [...] como, por exemplo, a presença marcante do refrão e a inclusão, quase sempre nas entrelinhas, de experiências e sentimentos dos sambistas [...].

Brasil. Ministério da Cultura. Instituto do Patrimônio Histórico e Artístico Nacional. *Dossiê das matrizes do samba no Rio de Janeiro*. Disponível em: http://portal.iphan.gov.br/uploads/ckfinder/arquivos/Dossi-%20Matrizes%20do%20Samba.pdf. Acesso em: 24 fev. 2022.

Já o partido-alto se caracteriza por apresentar uma estrutura musical específica em que os versos são improvisados, o refrão se repete e se privilegia a sonoridade de determinados instrumentos.

> O partido-alto é um tipo de samba e, como tal, corresponde à definição mais ampla do gênero tanto no aspecto sonoro quanto no rítmico. O samba pode ser definido como um tipo de canção popular na qual os versos são acompanhados basicamente por instrumentos de percussão (pandeiro, surdo, tamborim, cuíca, repique, reco-reco, ganzá, etc.) e cordas dedilhadas (cavaquinho, banjo, violão de 6 e de 7 cordas), aos quais pode ser acrescida uma infinidade de instrumentos solistas ou acompanhadores (metais, madeiras, teclados, cordas, foles), de acordo com a intenção estética e possibilidades de execução. No partido-alto, contudo, essa configuração sonora se torna menos ampla, sendo privilegiados a marcação do pandeiro e o suporte harmônico do violão e do cavaquinho. [...]
>
> Brasil. Ministério da Cultura. Instituto do Patrimônio Histórico e Artístico Nacional. *Dossiê das matrizes do samba no Rio de Janeiro*. Disponível em: http://portal.iphan.gov.br/uploads/ckfinder/arquivos/Dossi-%20Matrizes%20do%20Samba.pdf. Acesso em: 24 fev. 2022.

Por fim, o samba de terreiro é definido pelo conteúdo de suas letras, que celebram o samba, o amor, a natureza e a vida em comunidade, e pelo espaço em que é realizado.

> Diferentemente do partido-alto, que se define diretamente por características formais [...], e do samba-enredo, que se caracteriza principalmente por sua função, o samba de terreiro parece se definir antes pelo seu contexto, ou seja, pelo fato de ser um tipo de samba que ocorre *no terreiro*.
>
> Brasil. Ministério da Cultura. Instituto do Patrimônio Histórico e Artístico Nacional. *Dossiê das matrizes do samba no Rio de Janeiro*. Disponível em: http://portal.iphan.gov.br/uploads/ckfinder/arquivos/Dossi-%20Matrizes%20do%20Samba.pdf. Acesso em: 24 fev. 2022.

Roda de samba em Madureira, bairro do Rio de Janeiro (RJ). Foto de 2016.

GABRIEL SANTOS/TYBA

O terreiro é o espaço em que os sambistas realizam trocas culturais, tocam, cantam e dançam o samba. Muitas vezes, o termo se refere às quadras das escolas de samba, ou seja, do samba realizado para a comunidade local e não aquele preparado para ser apresentado no sambódromo.

Com o passar do tempo, o samba carioca acabou por se espalhar por todo o Brasil por meio das gravações em discos, do rádio e da televisão, assumindo uma enorme importância na identidade cultural do país.

OUTRAS VOZES

O cantor, compositor e ator Gabriel Gitahy da Cunha (1997-), mais conhecido como Gabrielzinho do Irajá, teve contato com a música desde criança. Atualmente está entre os principais sambistas da nova geração, com dois álbuns lançados e parceria com nomes tradicionais do samba, como Zeca Pagodinho (1959-). O jovem compositor é o autor do samba-hino da escola de samba mirim Filhos da Águia e concorreu com um samba-enredo no Carnaval de 2016.

MICHELLE BEFF/ACERVO DA FOTÓGRAFA

Grabrielzinho do Irajá em gravação no Rio de Janeiro (RJ). Foto de 2022.

1. Leia o trecho de uma entrevista com Gabrielzinho do Irajá em 2019. Depois, discuta a leitura com a turma e o(a) professor(a).

> Como você percebe essa renovação geracional do samba como parte do processo?
>
> É um processo natural, a bola tem que rolar. O samba começou com o Donga, Sinhô, João da Baiana, Pixinguinha, os caras fizeram a parte deles, foram perseguidos e espancados pela polícia na época que o samba era vadiagem. Depois vem uma turma mais para cá, o Candeia, João Nogueira, Clara Nunes e assim sucessivamente. A galera do Cacique nos anos 80, Fundo de Quintal, Zeca Pagodinho, Jovelina. Depois Dudu Nobre com a geração deles e agora é a nossa vez, daqui a dez ou quinze anos serão outros, segue o baile. Tem um moleque, o Enzo Belmonte, que já é de outra geração, tem dezoito anos e canta samba que nem gente grande. Então é um processo natural, hoje em dia está mais difícil porque a mídia está colocando muita coisa que não condiz com a nossa verdadeira cultura. Mas o samba é ouvido nas comunidades, nos bares, os pais passam aos seus filhos e assim a gente vai fazendo. Cada vez tem mais gente e novos sambistas, isso não morre e vai continuar se perpetuando eternamente.
>
> Eduardo Sá. Gabrielzinho do Irajá: talento da nova geração do samba no partido alto. *Mídia Ninja*, 27 set. 2019. Disponível em: https://midianinja.org/eduardosa/gabrielzinho-do-iraja-talento-da-nova-geracao-do-samba-no-partido-alto/. Acesso em: 14 mar. 2022.

2. O que você acha que Gabrielzinho do Irajá quis dizer com esta frase: "hoje em dia está mais difícil porque a mídia está colocando muita coisa que não condiz com a nossa verdadeira cultura. Mas o samba é ouvido nas comunidades, nos bares, os pais passam aos seus filhos e assim a gente vai fazendo."?

3. Procure na internet algum samba de Gabrielzinho do Irajá. Ouça as canções que encontrar, anote o nome de uma delas e do álbum a que pertence e escolha um trecho da letra para copiar no caderno. Depois compartilhe com os colegas suas impressões sobre a canção.

2 A musicalidade do carimbó

Formado pela mistura de tradições africanas, indígenas e portuguesas, o carimbó é uma manifestação cultural que reúne dança, música, festa e artesanato, e é praticada, especialmente, no estado do Pará. Em setembro de 2014, o carimbó recebeu do Iphan o título de Patrimônio Cultural Imaterial Brasileiro em razão da sua importância para a cultura paraense e brasileira.

CHICO FERREIRA/PULSAR IMAGENS

A prática do carimbó em Santarém (PA). Foto de 2017.

No período colonial brasileiro, os africanos que foram capturados para trabalhar como escravos na região amazônica trouxeram consigo seus rituais, suas festas e sua musicalidade. No entanto, como eram proibidos de exercitar sua religiosidade, eles tiveram de se adaptar às festividades católicas.

As irmandades religiosas católicas eram congregações que reuniam pessoas de um mesmo grupo social em torno da religiosidade e foram importantes formas de sociabilidade dos africanos escravizados durante o período colonial. No Pará, as irmandades de escravizados organizavam-se em torno da devoção aos santos católicos negros, como São Benedito e Nossa Senhora do Rosário. As festas de carimbó surgiram principalmente nos festejos em homenagem a São Benedito, entre os meses de dezembro e janeiro.

Estudiosos acreditam que o carimbó recebeu influências portuguesa, na utilização da batida de palmas e da língua empregada em seus cantos, e indígena, pela estruturação da manifestação em roda e do uso de instrumentos de percussão, como os maracás.

Além disso, o nome carimbó é derivado do termo *korimbó*, da língua indígena tupi, que significa a união de *curi* (madeira) e *m'bó* (oco ou escavado) e pode ser traduzido por "pau que produz som". *Korimbó* é o nome do tambor utilizado nessa expressão, que com o tempo foi chamado de *curimbó* e *carimbó* e passou a denominar a manifestação cultural como um todo.

FERNANDO SETTE CÂMARA/ACERVO DO FOTÓGRAFO

Curimbó, tambor utilizado na prática do carimbó. Belém (PA). Foto de 2016.

Duas das principais características rítmicas do carimbó, também encontradas em muitas outras tradições musicais de ascendência africana no Brasil, são a **polirritmia**, presente em diversas expressões musicais brasileiras, como o maracatu, o jongo, o tambor de crioula e o samba, e o papel central dos tambores na sonoridade.

Polirritmia: uso de duas ou mais estruturas rítmicas diferentes em uma mesma música.

A transmissão das tradições é feita, em sua grande maioria, por meio da oralidade. Nas comunidades que praticam o carimbó, diz-se que o saber ensinado de uma geração a outra foi aprendido "de orelhada".

Os praticantes dessa manifestação cultural são conhecidos como **carimbozeiros**. Eles exercem as mais variadas funções: compõem os cantos, constroem e tocam os instrumentos, confeccionam as roupas, cantam e dançam.

A formação instrumental do carimbó geralmente inclui dois ou três tambores, que produzem sons de timbres e alturas diferentes. O maior tambor produz os sons mais graves e é utilizado para marcar a pulsação da música. Os outros dois tambores, menos graves, são usados para produzir os ritmos característicos da expressão.

O curimbó é um tambor de som grave que mede cerca de 1 metro de comprimento e tem cerca de 30 centímetros de diâmetro. Para a construção desse tambor, é necessário que um tronco de árvore seja escavado até ficar oco e, depois, que uma de suas extremidades seja coberta com couro.

O tocador do curimbó, também conhecido como **batedor**, tira os sons percutindo o couro com as mãos, sentado sobre o corpo do instrumento que fica inclinado sobre um apoio de madeira.

FERNANDO SETTE CÂMARA/ACERVO DO FOTÓGRAFO

Tocador de curimbó. Santarém (PA). Foto de 2015.

Além dos tambores, os instrumentos musicais tradicionalmente utilizados nessa manifestação cultural são: os maracás, o **milheiro**, o tambor-onça, o pandeiro, o banjo e a flauta. Existem outros instrumentos, menos comuns nas práticas, mas que podem ser encontrados, como o reco-reco, o triângulo, o saxofone e a clarineta.

Milheiro: chocalho de metal preenchido com grãos secos ou pequenas bolas de chumbo.

O carimbó pode ser dividido em duas categorias principais: o **carimbó de raiz**, também conhecido como **carimbó de pau e corda**, e o **carimbó moderno ou estilizado**. O carimbó de raiz utiliza uma formação instrumental mais tradicional, como o tambor curimbó, os maracás, o milheiro, o banjo e as flautas artesanais. Em alguns grupos, é possível encontrar uma certa mistura de instrumentos, convivendo os tradicionais com outros produzidos industrialmente como o clarinete, a flauta transversal de metal e o saxofone.

FERNANDO SETTE CÂMARA/ACERVO DO FOTÓGRAFO

Formação de um grupo de carimbó de raiz. Santarém (PA). Foto de 2015.

Nos grupos tradicionais, os instrumentos são construídos de forma artesanal pelos próprios músicos, e essa atividade é uma etapa muito importante dentro da expressão do carimbó por ser uma forma de preservar e transmitir as tradições da comunidade de uma geração para outra.

FERNANDO SETTE CÂMARA/ACERVO DO FOTÓGRAFO

Instrumentos confeccionados de maneira artesanal para a prática do carimbó de raiz. Santarém (PA). Foto de 2015.

Já o carimbó moderno ou estilizado se caracteriza pela utilização de instrumentos amplificados, especialmente a guitarra e o contrabaixo elétricos, além de bateria, violão elétrico, saxofone e flauta de metal. Nos grupos tradicionais, não há uso de guitarras ou bateria. Esses instrumentos são mais utilizados em grupos de caráter mais urbano, que se apresentam para um maior número de pessoas. A preferência por esses instrumentos se deve ao fato de serem mais fáceis de amplificar o som com aparelhagens e, assim, atingir um público maior. Eventualmente, instrumentos utilizados no carimbó de raiz também podem ser tocados nessas apresentações.

O cantor e compositor paraense Pinduca (1937-) é um dos pioneiros do carimbó moderno. Belém (PA). Foto de 2016.

Quanto à maneira de cantar o carimbó, existe um estilo conhecido como **chamado/resposta**. Essa modalidade apresenta versos curtos cantados por um solista, que são complementados pelo coro como uma resposta. Outra modalidade é conhecida como **carimbó de repente**, caracterizada pela improvisação da letra e da melodia a partir de um tema apresentado ao cantador, não existindo o coro em resposta. As letras das canções do carimbó variam de acordo com as regiões em que é praticado. Algumas letras discutem o cotidiano dos pescadores e das pessoas que fazem parte das comunidades tradicionais no Pará, outras podem falar sobre a convivência com a natureza, por exemplo.

Dona Onete, uma das vozes do carimbó contemporâneo, durante apresentação no Rock In Rio, Rio de Janeiro (RJ). Foto de 2019.

ATIVIDADES

1. Ouça a faixa 5, que apresenta a canção "Dança do Iá", um canto de carimbó de domínio público, e acompanhe a letra dessa canção.

Dança do Iá

Iá, Iá, Iá, cadê Iá?
Eu ia sair na sala
Com a fama de dançador

Iá, Iá, Iá, cadê Iá?
Para a festa, meu Iá
Deixa outro **faceirar**

Iá, Iá, Iá, cadê Iá?
Para a saia, meu Iá
Deixa outro em seu lugar

Iá, Iá, Iá, cadê Iá?
Para a festa, o carimbó
Deixa outro faceirar
Para a festa, o carimbó
Deixa outro em seu lugar

Iá, Iá, Iá, cadê Iá?

Domínio público.

Faceirar: enfeitar-se. No texto, tem o sentido de **aparecer**, **entrar**.

PEDRO HAMDAN/ID/BR

2. Discuta com os colegas e o(a) professor(a) as características da musicalidade (instrumentos, cantos, conteúdo das letras) do carimbó que você identificou nessa canção.

A dança no carimbó

Além da musicalidade, a dança é parte importante da prática do carimbó. As dançarinas geralmente usam saias rodadas e enfeites, além de adornos como brincos, pulseiras e anéis. Já os dançarinos costumam usar camisa de estampa florida ou terno e gravata.

Dispostos em círculo, os participantes dançam em pares, mas sem ter contato físico direto. Uma dançarina pode ir para o centro da roda e jogar a barra da saia para tentar cobrir o parceiro, o que provoca muitos risos. Podem existir muitas variações nos movimentos dos dançarinos, algumas vezes imitando a corporeidade de animais da fauna local.

LUCIANA WHITAKER/PULSAR IMAGENS

Grupo de carimbó Cumaru durante apresentação em Santarém (PA). Foto de 2017.

Recentemente, o carimbó ganhou maior projeção em programas de rádio e de televisão, passando por transformações. Alguns grupos de carimbó passaram a se apresentar em festivais de música e dança em que são escolhidos os melhores grupos participantes dos eventos.

O Festival do Carimbó de Marapanim é um dos mais tradicionais do estado do Pará. Realizado desde 2004 no município de Marapanim, o festival ocorre anualmente e conta com a participação de grupos tradicionais da região, atraindo também visitantes e turistas.

MÃOS À OBRA

Cantando um carimbó: ritmo e pulsação

Nesta atividade, você vai ouvir e realizar a marcação da pulsação e do ritmo de uma canção do carimbó e experienciar a criação de uma polirritmia com o bater de palmas.

6 7 8 **1** Escutem as seguintes faixas:

- **Faixa 6:** apresenta a pulsação da música "Dança do lá", marcada com palmas. Em seguida, na mesma faixa, a marcação da pulsação na canção.
- **Faixa 7:** apresenta um exemplo de divisão rítmica característica do carimbó, marcada com palmas. Em seguida, na mesma faixa, a marcação da estrutura rítmica na canção "Dança do lá".
- **Faixa 8:** apresenta um outro exemplo de divisão rítmica característica do carimbó com marcação de palmas. Em seguida, na mesma faixa, a marcação da estrutura rítmica na canção "Dança do lá".

2 Organizem-se em três grupos. Cada grupo deve cantar o carimbó "Dança do lá", que vocês aprenderam na faixa 5, enquanto batem palmas. Primeiro, tentem reproduzir a marcação de pulsação que aprenderam na faixa 6. Depois, testem as divisões rítmicas que ouviram nas faixas 7 e 8. Todos os grupos devem experimentar todos os tipos de marcação com palmas.

FABIO EIJI SIRASUMA/ID/BR

9 **3** Os três grupos devem ser reunir e cada um deverá realizar uma das sequências de palmas que experimentaram no item anterior. Vocês estarão realizando um som em polirritmia, ou seja, combinando diferentes estruturas rítmicas. Caso precisem de auxílio, escutem a faixa 9, que apresenta a polirritmia das palmas na canção.

5 **4** Ouçam novamente a faixa 5 e procurem executar a sequência de palmas, juntos, sobre o som da canção.

5 Por fim, sem o auxílio da faixa 5, cantem e batam palmas de acordo com a sequência que aprenderam. Tentem também se movimentar e dançar ao ritmo do som que estão criando.

3 A musicalidade do povo indígena Kalapalo

O Parque Indígena do Xingu se localiza no estado de Mato Grosso, na região Centro-Oeste do Brasil. Lá vivem mais de 5 mil indígenas, de vários povos diferentes. Entre eles, encontra-se o povo indígena Kalapalo, que vive em oito aldeias dentro do parque. As aldeias dos Kalapalo são chamadas *aiha*, tem formato circular e são compostas de moradias ovaladas ou circulares. No centro da aldeia, fica uma casa circular, menor que as outras casas, chamada *kuakutu*, na qual são guardadas as flautas, seu conjunto chamado de *kagutu*, e outros instrumentos usados apenas pelos homens nos rituais.

DELFIM MARTINS/PULSAR IMAGENS

Vista aérea de uma aldeia Kalapalo. No centro da aldeia, está localizada a *kuakutu*. Parque Indígena do Xingu, Querência (MT). Foto de 2018.

SERGIO RANALLI/PULSAR IMAGENS

Indígenas do povo Kalapalo tocando as flautas. Parque Indígena do Xingu, Querência (MT). Foto de 2018.

Entre os rituais dos Kalapalo está o **Jawari**, realizado entre si ou com grupos indígenas visitantes e dedicado aos guerreiros mortos. O ritual é um misto de disputa e celebração, agregando símbolos da guerra e da paz, marcado por uma grande variedade de cantos e no qual os Kalapalo resolvem conflitos, diluem inimizades e consolidam alianças.

Indígenas do povo Waurá para o Jawari em uma aldeia kalapalo. Parque Indígena do Xingu, Querência (MT). Foto de 2011.

DELFIM MARTINS/PULSAR IMAGENS

O Jawari dura sete dias e seis noites, e nesse período os Kalapalo e a aldeia visitante realizam várias atividades juntos: preparam o beiju com a mandioca da roça que eles mesmos cultivaram; confeccionam adereços, como colares e outros enfeites para o corpo; consertam suas casas; realizam o **moitará**.

Moitará: prática indígena de troca de objetos.

O preparo dos corpos para o ritual é bastante demorado, pois envolve a pintura corporal com pigmentos extraídos principalmente do urucum e do jenipapo e todo o ornamento com colares, brincos, braceletes, faixas e cocares.

LUCIOLA ZVARICK/PULSAR IMAGENS

Indígenas do povo Kalapalo fazendo pintura corporal para o Jawari. Parque Indígena do Xingu, Querência (MT). Foto de 2016.

A disputa se realiza, de fato, com o enfrentamento dos oponentes, dois a dois: cada um deles se coloca a cerca de 6 metros do outro. Lanças são utilizadas nesse embate. Nos dias que precedem a luta, os indígenas devem treinar seus movimentos e golpes em um boneco de palha.

RENATO SOARES/PULSAR IMAGENS

Indígena se prepara para o Jawari em embate com um boneco de palha. Parque Indígena do Xingu, Querência (MT). Foto de 2016.

Durante o Jawari, os indígenas, homens e mulheres, realizam o canto e a dança ritual, marcando a pulsação, agitando chocalhos e batendo com os pés no chão. Os chocalhos também estão presentes amarrados às diversas partes dos corpos dos indígenas, como a cintura e os pés. Dessa maneira, o corpo do indígena vira uma fonte sonora.

Há também sons produzidos pelo bater de varas compridas no chão, em pulsação regular acompanhando os cantos do ritual. Nos cantos do Jawari, há uma constante referência a nomes de animais de caça, como macacos, pássaros, onça e jaguatirica.

RENATO SOARES/PULSAR IMAGENS

Indígena kalapalo toca chocalho durante ritual. Parque Indígena do Xingu, Querência (MT). Foto de 2009.

A **festa da taquara** é outro ritual do povo indígena Kalapalo em que a musicalidade está presente. Os preparativos para essa festa duram mais de um mês e os indígenas providenciam alimentos e pescam para receber visitantes de outros povos.

Nesse ritual, a flauta de taquara é sempre tocada por um conjunto de cinco indígenas. Essa flauta é formada por um longo pedaço da árvore conhecida como taquara que emite um som grave quando soprada. Após o ritual, ao fim do dia, essas flautas são queimadas.

DELFIM MARTINS/PULSAR IMAGENS

Crianças indígenas tocam a flauta de taquara em preparação para a festa. Parque Indígena do Xingu, Querência (MT). Foto de 2016.

SERGIO RANALLI/PULSAR IMAGENS

Indígenas tocam a flauta de taquara durante as celebrações. Parque Indígena do Xingu, Querência (MT). Foto de 2018.

Outro exemplo é o ritual feminino do Yamurikumã, que é compartilhado também por outros povos do Xingu. A casa das flautas, a *kuakutu*, é um local reservado para o uso exclusivo dos homens, assim como o uso dos instrumentos musicais. Porém, durante o Yamurikumã, as mulheres invertem essa lógica e realizam movimentos e ações que são exclusivos dos homens durante o cotidiano dos Kalapalo. Dentre esses elementos, está o uso de chocalhos presos aos tornozelos, honra masculina durante outros rituais, assim como o uso de ornamentos, e a realização de lutas.

SERGIO RANALLI/PULSAR IMAGENS

Ritual feminino do Yamurikumã praticado por indígenas do povo Kalapalo. Parque Indígena do Xingu, Querência (MT). Foto de 2018.

Os cantos entoados pelas mulheres no Yamurikumã também revelam essa inversão na estrutura social. Elas discutem e criticam hábitos masculinos, muitas vezes, simulando com os próprios corpos, na dança, a agressividade de alguns deles.

O nome desse ritual batizou uma associação de mulheres indígenas do Xingu que buscam se organizar para conquistar mais papéis de liderança em suas comunidades:

> As reuniões ocorreram em clima de união e expectativa e mostraram que os objetivos e planos da associação dialogam com os anseios das mulheres nas comunidades, consolidando sua representatividade política perante as mulheres e sua forma de trabalhar. Durante as Rodas de Conversa, foram abordados temas como o papel das lideranças tradicionais femininas, a formação da mulher líder segundo o costume de cada povo, como as mulheres podem se organizar e se mobilizar para fortalecer os trabalhos e a comunicação entre elas e a associação [...].
>
> Funai. Mulheres xinguanas cada vez mais fortes por meio da Associação Yamurikumã. Disponível em: https://acervo.socioambiental.org/acervo/noticias/mulheres-xinguanas-cada-vez-mais-fortes-por-meio-da-associacao-yamurikuma. Acesso em: 24 fev. 2022.

Os Kalapalo usam a música nos rituais como forma de comunicação entre os diferentes membros da comunidade: adultos e crianças, homens e mulheres.

RENATO SOARES/PULSAR IMAGENS

Indígenas do povo Kalapalo no ritual do Jawari. Parque Indígena do Xingu, Querência (MT). Foto de 2016.

Leia a seguir um trecho do texto do Instituto Socioambiental (ISA) sobre a importância e o uso da música pelos Kalapalo.

> [...] a música promove uma comunicação entre os que tocam e os que escutam [...]. Assim, na mitologia kalapalo, a música é tratada ao mesmo tempo como manifestação de metamorfoses agressivas de seres perigosos (*ıtseke*) e como um meio acessível a pessoas para o controle dessas forças.
>
> Dessa forma, os Kalapalo usam a música ritualmente como meio de comunicação entre domínios que eles definem como absolutamente separados [...]: homens e mulheres, seres humanos e seres poderosos, adultos e crianças pequenas. Essa comunicação é feita não tanto pelo estabelecimento de um clima de solidariedade, mas principalmente para mostrar aos ouvintes o poder desses seres, assim como para usar os poderes dos ouvintes para desarmá-los temporariamente.
>
> O uso ritual mais importante da música ocorre em eventos coletivos públicos que duram semanas ou meses durante o período da estação seca (*isoa-*), compreendido entre maio e setembro. Quando principia essa estação, os Kalapalo ocupam-se intensamente em esforços coletivos complexos que envolvem ao mesmo tempo performances musicais e atividades econômicas.
>
> Povos indígenas no Brasil. Kalapalo – Música e rituais. Disponível em: https://pib.socioambiental.org/pt/Povo:Kalapalo. Acesso em: 24 fev. 2022.

ATIVIDADE

- De que maneira a música se relaciona com as visões de mundo dos Kalapalo?

EXPLORANDO NA REDE

Pesquisando o samba carioca

Nesta Unidade, você conheceu o samba carioca e seus subgêneros. Duas das primeiras gravações desses sambas estão disponíveis no acervo *on-line* do Instituto Moreira Salles (IMS). O IMS disponibiliza gratuitamente para audição milhares de gravações de músicas brasileiras de diversos gêneros e épocas.

1. Acesse o *site* do acervo do IMS:
   - Acervo de fonogramas do IMS. Disponível em: https://discografiabrasileira.com.br/. Acesso em: 24 fev. 2022.
2. Na seção de busca avançada, busque pelo subgênero musical **partido-alto**, relacionado ao samba carioca.
3. Selecione as canções "Samba de fato", de Pixinguinha e Cícero de Almeida "Baiano" e "Tentação do samba", de Getúlio Marinho "Amor" e João Bastos Filho; e ouça-as, clicando no botão de reprodução de áudio.
4. No caderno, anote as seguintes informações:
   - título da música;
   - autoria (compositores);
   - intérpretes;
   - data da gravação.
5. Depois, descreva quais são os conteúdos das letras dessas canções, se elas são cantadas por coros e/ou solistas, quais instrumentos musicais presentes na gravação você consegue identificar.
6. Investigue em outros *sites* se existem fotos ou vídeos dos autores ou intérpretes das canções escolhidas. Caso encontre, selecione alguns exemplos para exibir para a turma.
7. Em sala de aula, compartilhe com os colegas todas as informações que pesquisou.

TROCANDO IDEIAS

- Nas perguntas a seguir, reflita sobre o que foi abordado nesta Unidade e converse com os colegas e o(a) professor(a).

a) Cite quais foram os dois tipos de samba de roda estudados nesta Unidade e descreva aspectos da musicalidade de cada uma dessas manifestações.

b) Quais são os instrumentos musicais mais comumente encontrados no carimbó de raiz e no carimbó estilizado?

EM POUCAS PALAVRAS

Nesta Unidade, você:

- identificou as características da musicalidade dos Patrimônios Culturais Imateriais. samba de roda, carimbó e samba carioca, além de conhecer a musicalidade de rituais indígenas;
- cantou e tocou músicas do repertório do samba de roda e do carimbó;
- marcou a pulsação e o ritmo de uma canção;
- pesquisou gravações antigas de música em acervos musicais *on-line*.

PARA LER, OUVIR E VER

Livros

- ***Festas e danças brasileiras***, de Ana Tatit e Maristela Loureiro. São Paulo: Melhoramentos, 2016.

  No livro, são apresentadas partituras de canções de diferentes manifestações culturais brasileiras, como o carimbó e o frevo.

- ***Fundamentos da percussão*: história, instrumentos e ritmos brasileiros**, de Leonardo Gorosito. Curitiba: InterSaberes, 2020.

  O livro apresenta uma grande variedade de instrumentos de percussão, além de ritmos recorrentes em manifestações populares do Brasil.

CD

- ***Rebujo***, de Dona Onete. Gravadora MultiDiversão, 2019. 1 CD.

  O álbum apresenta 11 canções do carimbó contemporâneo.

Audiovisual

- **Carimbó**, vídeo produzido pelo Iphan. Direção: Eduardo Souza. Brasil, 2011/2013 (16 min 34 s). Disponível em: http://portal.iphan.gov.br/videos/detalhes/26/carimbo. Acesso em: 24 fev. 2022.

  Audiovisual que aborda o carimbó em suas diferentes vertentes, apresentando artistas, instrumentos, músicas, danças e histórias de grupos atuantes em diversas cidades do Pará.

UNIDADE 4

TEATRO E ESPAÇO URBANO

TROCANDO IDEIAS

- Converse com os colegas e o(a) professor(a) e responda oralmente às perguntas a seguir.

  a) No trajeto até a escola, você já observou alguma construção ou localidade que chamou sua atenção? Descreva-a e explique seu interesse.

  b) Você tem um lugar preferido na escola? Caso sua resposta seja afirmativa, justifique-a. Caso sua resposta seja negativa, descreva como seria um lugar ideal nesse ambiente para você.

  c) Quando você anda de ônibus, carro ou outros meios de transporte, você observa o trajeto ou se entretém em algum aparelho eletrônico, como o celular? Explique sua resposta.

  d) De que maneira o trabalho de Tuga intervém no espaço público das cidades?

A internet criou novas maneiras de interagirmos com o mundo. Virtualmente, podemos acessar locais a quilômetros de distância. Durante a pandemia de covid-19, tivemos de nos distanciar fisicamente e deixamos de conviver em espaços públicos. Com a possibilidade de voltar a circular pela cidade, muitos artistas retomaram às ruas buscando modificar nossa relação com os espaços urbanos. Tais experiências procuram fomentar uma discussão sobre a função desses espaços e mostrar que eles podem ser mais do que apenas locais de passagem.

É o caso do trabalho do palhaço chileno Tuga. Sem utilizar as palavras, e por meio de brincadeiras, malabarismos e danças, o artista interage com elementos da rua, motoristas e pedestres, intervindo no trânsito de grandes cidades. Em suas intervenções, Tuga pode pedir para um carro parar e, então, entregar uma flor ao motorista, ou fazer uma dança engraçada no semáforo junto a um pedestre, entre muitas outras ações. Sua proposta é intervir nas relações estabelecidas no trânsito, que normalmente são estressantes, recuperando o contato humano entre pedestres e motoristas. Por meio do humor, o palhaço Tuga propõe uma reflexão sobre a violência no trânsito, a pressa do dia a dia e a falta de afeto nas relações humanas nas ruas e avenidas das metrópoles. As dinâmicas de suas interações transformam esse tipo de espaço público, mostrando novas possibilidades aos passantes, que param para observar a cidade e o palhaço.

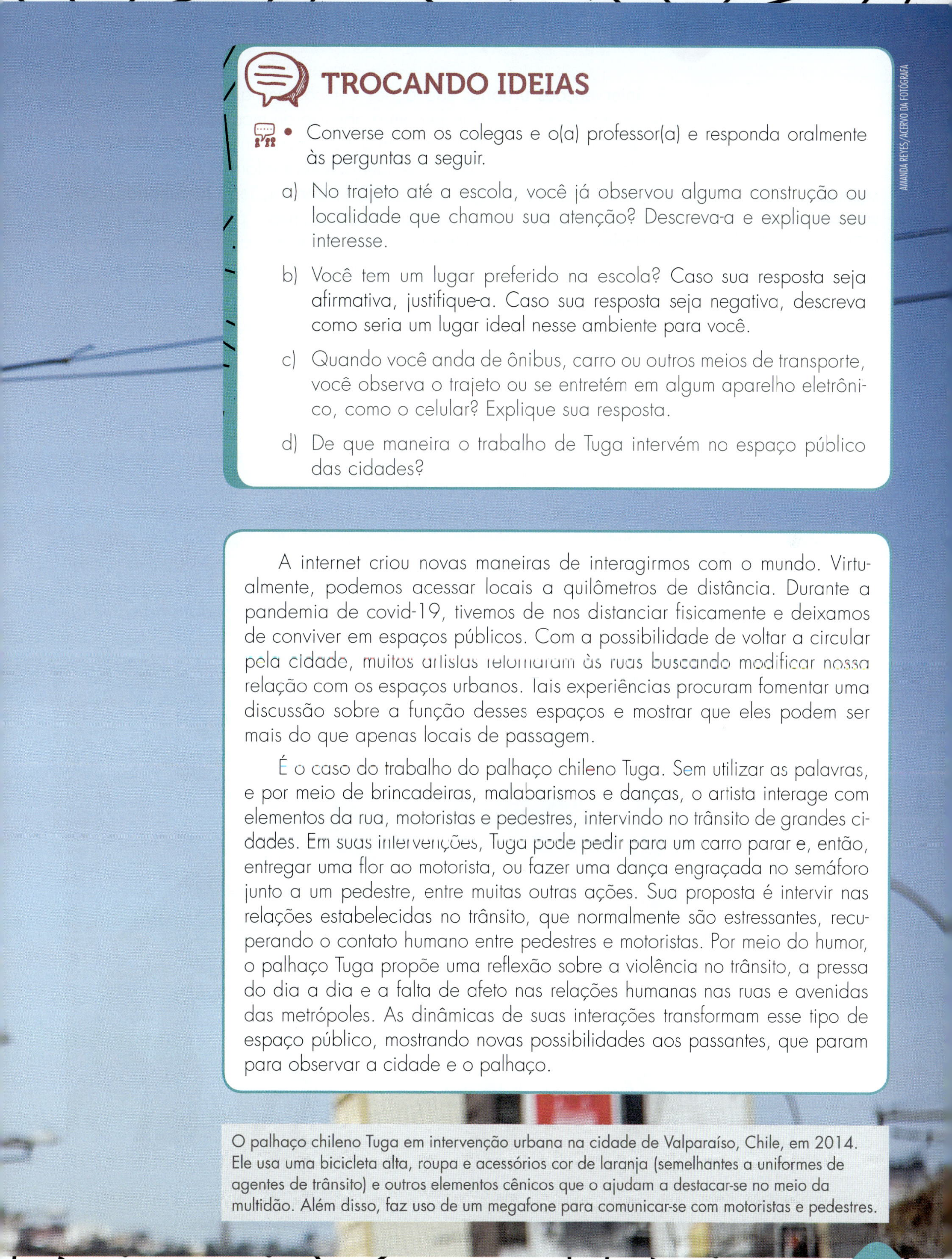

AMANDA REYES/ACERVO DA FOTÓGRAFA

O palhaço chileno Tuga em intervenção urbana na cidade de Valparaíso, Chile, em 2014. Ele usa uma bicicleta alta, roupa e acessórios cor de laranja (semelhantes a uniformes de agentes de trânsito) e outros elementos cênicos que o ajudam a destacar-se no meio da multidão. Além disso, faz uso de um megafone para comunicar-se com motoristas e pedestres.

1 Intervenções urbanas

As **intervenções urbanas** são ações cênicas, visuais e/ou sonoras que acontecem no espaço da cidade com o objetivo de modificá-lo, provocando uma relação diferente das pessoas com o local. Essas intervenções podem integrar diferentes linguagens artísticas e ter objetivos e formas de ação diferentes. Algumas interagem com o espaço, como construções e **mobiliários urbanos**; outras interagem diretamente com os transeuntes – pessoas que transitam pela cidade e podem ter seu itinerário modificado por uma ação artística.

Mobiliário urbano: elementos instalados em ruas e avenidas das cidades, como hidrantes, placas e pontos de ônibus.

Transitório: momentâneo; temporário.

No campo das artes cênicas, grande parte das intervenções urbanas relaciona-se com as cidades de modo **transitório**, como vimos na descrição do trabalho do palhaço Tuga, na abertura desta Unidade. O espaço é um elemento fundamental da composição da intervenção cênica; ainda assim, na maioria das vezes, é o encontro com as pessoas que a mobiliza de forma mais evidente.

O coletivo Arte Marginal Salvador tem um projeto chamado A Rua é o Museu do Povo, pelo qual são realizadas intervenções urbanas em praças de bairros periféricos da capital baiana.

O coletivo abrange artistas de rua, dançarinos, grafiteiros e artistas visuais que realizam intervenções em espaços urbanos fora dos grandes centros, democratizando o acesso à arte e à cidade. O objetivo é desconstruir a ideia de que a arte só existe dentro de museus, aproximando-a do cotidiano das pessoas, em ruas e praças, e dialogando artisticamente com a periferia de Salvador (BA).

DIOGO G. ANDRADE/GRUPO DE ARTE POPULAR A POMBAGEM

O grupo A Pombagem, do coletivo Arte Marginal Salvador, apresenta espetáculo *O museu é a rua*, em Salvador (BA). Foto de 2019.

Em Belo Horizonte, em Minas Gerais, acontece o Circuito Urbano de Arte, que movimenta a cidade por meio de intervenções urbanas de vários artistas com linguagens contemporâneas. Em 2020, durante a pandemia de covid-19, o artista Jaider Esbell (1979-2021) realizou a obra *Entidades* no viaduto Santa Tereza, monumento histórico da cidade. Essa obra também já foi exposta em outras capitais brasileiras, como em São Paulo (SP), no Parque Ibirapuera.

ALENA ZHARAVA/SHUTTERSTOCK.COM/ID/BR

Jaider Esbell. *Entidades*, 2021. Duas cobras infláveis de dez metros flutuam no lago do Parque Ibirapuera, durante a 34ª edição da Bienal de Arte. São Paulo (SP). Foto de 2021.

MALU DIAS/MAFALDA PRESS/FOTOARENA

Jaider Esbell na exposição de arte indígena *It was Amazon* ("Era uma vez a Amazônia", na tradução do inglês para o português), em Florianópolis (SC). Foto de 2017.

Jaider Esbell foi um artista contemporâneo brasileiro da etnia Makuxi e morou na Terra Indígena Raposa Serra do Sol (RR) até os 18 anos de idade. Sua obra é de grande importância e contribui para dar visibilidade à produção artística indígena contemporânea.

As intervenções urbanas propõem um olhar diferenciado sobre a cidade e seus espaços. Elas podem interferir no cotidiano das pessoas, no trânsito, nos mercados, nas filas, nos transportes públicos, etc. Podem também transformar visualmente a paisagem da cidade, seus edifícios, suas ruas, os centros históricos e a periferia, atuando nos mais variados contextos.

Em muitas cidades, devido à violência ou à falta de infraestrutura, as ruas e os passeios transformaram-se em meros lugares de passagem. As pessoas saem de suas casas em direção a outro local privado; dessa maneira, a rua é, muitas vezes, um corredor de acesso de um lugar a outro. No entanto, ruas, praças, rios, lagoas e praias são na maior parte locais públicos, e assim pertencem à população da cidade. Ocupar esses locais é importante para valorizá-los como patrimônio, e é nesse contexto que as intervenções urbanas se desenvolvem, contribuindo para a construção de uma maneira mais ativa e propositiva de viver a cidade e seus lugares públicos.

MÃOS À OBRA

A escola e a cidade como patrimônio de todos

Nesta atividade, vocês planejarão e executarão uma intervenção cênica no espaço escolar. O processo de elaboração da intervenção envolve três etapas – exploração, planejamento e ação –, que estão descritas a seguir.

Etapa 1 – Exploração

1. Organizem-se em grupos de cinco a seis estudantes.
2. Cada grupo vai deixar a sala de aula e percorrer os diferentes ambientes da escola: os corredores, a biblioteca, o pátio, a quadra de esportes, etc.
3. Combinem previamente com o(a) professor(a) um tempo para a realização desta etapa. Vocês devem retornar à sala de aula quando o período de tempo combinado acabar.

FABIO EIJI SIRASUMA/ID/BR

4. Levem cadernos para desenhar e fazer anotações dos ambientes escolares que chamarem sua atenção. Caso disponham de uma câmera fotográfica ou de um *smartphone*, vocês podem tirar fotos ou fazer vídeos do espaço escolhido. Esses registros serão importantes para a Etapa 2.
5. Atentem-se para perceber os detalhes envolvidos no ambiente em si e nas interações sociais que ocorrem nele, observando a maneira de as pessoas se relacionarem nesse local, as cores dele, os formatos e a organização espacial, etc.

6. Caso alguns desses ambientes evoquem memórias, anotem no caderno e compartilhem suas impressões com o grupo na próxima etapa.

7. Lembrem-se de que as outras turmas vão estar em aula. Portanto, realizem essa exploração de forma silenciosa e respeitosa, para não atrapalhar os outros estudantes.

8. Por fim, escolham juntos um espaço que se destacou durante a exploração e respondam em suas anotações às seguintes perguntas:
   - Por que esse espaço chamou a atenção do grupo?
   - Quais imagens, memórias ou sensações esse espaço provocou no grupo?

9. Com base nessas respostas e anotações, vocês poderão elaborar o planejamento, que é a próxima etapa da atividade.

Etapa 2 – Planejamento

1. Nos mesmos grupos da etapa anterior, vocês vão se reunir na sala de aula e retomar os registros escritos ou audiovisuais da Etapa 1. Revejam as perguntas sobre a escolha do espaço e relembrem as respostas, principalmente as associações, ideias e percepções.

2. Com base nesses registros, vocês devem decidir coletivamente como será realizada a ação cênica. Lembrem-se de que a intervenção urbana procura destacar aspectos específicos do espaço e da relação entre as pessoas que nele circulam. Portanto, perguntem-se:
   - Qual mudança, mesmo que passageira, vocês querem provocar nesse espaço?
   - O que vocês desejam que os transeuntes notem sobre a relação deles com esse ambiente escolar?
   - Que tipo de ação e que elementos estéticos (figurinos, acessórios, objetos, etc.) vão auxiliá-los na apresentação dessa mensagem?

3. Após a idealização da ação cênica, organizem a lista de materiais que serão necessários e o tempo de duração dessa intervenção.

4. Locomovam-se até o espaço escolhido e definam em que lugar o público deverá estar para melhor apreciar a ação. Vocês também podem deixar que o público transite livremente pelo espaço durante a ação.

5. Depois de planejada a ação, combinem a data em que ela vai acontecer.

Etapa 3 – Ação

1. No dia marcado para a ação, organizem-se para levar os materiais definidos durante a Etapa 2. Caso falte algum objeto, talvez seja preciso repensar a ação aproveitando o que vocês trouxeram. Para isso, conte com a ajuda do(a) professor(a).

2. Cada grupo deverá deslocar-se para o espaço que escolheu e realizar os preparativos para que a ação aconteça no momento de chegada do público, que será a comunidade escolar.

3. Se possível, façam gravações das ações para acervo e portfólio da turma com um *smartphone* ou câmera disponível.

FABIO EIJI SIRASUMA/ID/BR

4. Lembrem-se de que a escola é um patrimônio público que deve ser cuidado e preservado. Por isso, não façam nenhuma alteração permanente no espaço e, caso a ação produza algum resíduo, combinem o momento de limpá-lo após a intervenção.

5. Depois de realizadas as ações, na aula seguinte, avaliem coletivamente os impactos de seus desdobramentos em relação às dinâmicas do dia a dia da escola e verifiquem se conseguiram expressar o ponto de vista de vocês.

6. Avaliem também os imprevistos que possam ter ocorrido durante a ação e a maneira como isso foi assimilado pelo grupo e pelo público.

7. Determinem os detalhes que poderiam ser ajustados, caso desejem repetir a ação.

Audiowalk: a caminhada acompanhada de áudio

O grupo teatral português "teatromosca" faz experimentos com grande diversidade de técnicas e estéticas artísticas, realizando espetáculos para palco, rua e espaços alternativos. Entre seus experimentos está o *audiowalk*, palavra da língua inglesa que significa "caminhada acompanhada de áudio".

Nos *audiowalks*, o "teatromosca" busca valorizar a história, a arquitetura e a vivência em diferentes cidades de Portugal. Eles divulgam o acontecimento do *audiowalk*, e o público, no dia e na data combinados, recebe um fone de ouvido e deve fazer o *download* de um aplicativo no celular. Por meio do aparelho, as pessoas recebem as instruções de como se locomover pelo espaço e escutam uma trilha sonora, feita especialmente para a caminhada, e textos poéticos sobre as localidades.

Entre os eventos planejados pelo "teatromosca", está a celebração dos vinte anos da classificação da cidade de Sintra, em Portugal, como patrimônio mundial, concedido pela Organização das Nações Unidas para a Educação, a Ciência e a Cultura (Unesco). O *audiowalk* é uma forma diferenciada de recuperar a relação do espectador com a cidade e seus patrimônios culturais.

FRANCESCO GARLASCHELLI/ALAMY/FOTOARENA

Castelo dos Mouros na cidade de Sintra, em Portugal, considerada patrimônio mundial pela Unesco. Foto de 2020.

Diferentes formas de conhecer uma cidade

A proposta do "teatromosca" segue uma tendência de explorar as cidades por meio de diferentes pontos de vista. Nesse sentido, o *audiowalk* estabelece uma relação importante entre teatro, cidadania e turismo. Outras iniciativas apresentam formas igualmente criativas de conhecer uma cidade usando áudios em experiências sonoras por praças, parques, monumentos e outros pontos de interesse turístico, artístico e cultural.

A artista canadense Janet Cardiff (1957-) voltou sua atenção para os sons da cidade de Nova York, nos Estados Unidos. A combinação sonora característica dos grandes centros urbanos, formada pelo barulho de carros, pessoas, máquinas em obras, juntamente com os sons da natureza, de seus espaços mais arborizados, como parques e jardins, pode ser percebida como uma composição única e complexa.

Partindo dessa percepção, a artista iniciou uma exibição chamada *Her Long Black Hair* (na tradução do inglês para o português, "O longo cabelo preto dela"). Trata-se de um *audiowalk* com uma narrativa de 35 minutos feita pela artista, envolvendo sons do ambiente, de seus passos ao caminhar, músicas e poesias, que guiavam os participantes por um trajeto pelo qual eram também distribuídas fotografias.

A viagem sonora se iniciava em um banco do Central Park, famoso parque de Nova York, considerado patrimônio histórico dos Estados Unidos em 1962. Por meio do *audiowalk* disponibilizado na internet para que um *download* fosse feito em algum dispositivo eletrônico, os participantes acompanhavam a narrativa da artista em busca de uma misteriosa mulher de cabelos negros.

Janet Cardiff. *Her Long Black Hair. Audiowalk* com fotografias, 46 min. Nova York, Estados Unidos. Foto de 2004.

Conforme a história se desenvolvia, a sensação era de estar respirando ao mesmo ritmo que Cardiff e conhecer o parque e seus arredores de uma forma inteiramente nova. A obra de Janet Cardiff foi realizada no início dos anos 2000, marcando uma nova forma de experimentação dos espaços urbanos por meio do áudio, que influenciou vários artistas ao redor do mundo.

O projeto *Bike Tour* SP é também uma proposta cultural de viver a cidade – no caso, São Paulo (SP) – sob um ponto de vista alternativo, oferecendo passeios de bicicleta gratuitos para grupos de até dez ciclistas acompanhados de monitores e com equipamento de áudio para guiar o trajeto. Os passeios duram cerca de uma hora e são feitos sempre na ciclovia e em lugares planos. Assim, não é preciso grande preparo físico para acompanhar o grupo.

São três os pilares fundamentais do *Bike Tour* SP: a bicicleta, a cultura e a solidariedade. O trecho a seguir é do *site* do projeto e apresenta a proposta cultural na qual ele se baseia.

> Acreditamos na bicicleta como um modal de transporte e uma ferramenta transformadora para o ser humano. Por isso incentivamos seu uso por meio do projeto.
>
> Queremos dar acesso à cultura para a maior quantidade de pessoas possíveis, pois ela empodera o cidadão. O projeto é gratuito e oferece um conteúdo cultural muito grande.
>
> Mais do que pensarmos em nós, acreditamos que ajudar o próximo é muito necessário. Pedimos a contribuição de 2 kg de alimentos para cada participante, assim a rede do bem cresce.
>
> *Bike Tour SP*. Disponível em: http://biketoursp.com.br. Acesso em: 25 fev. 2022.

CESAR DINIZ/PULSAR IMAGENS

Participantes do projeto *Bike Tour* SP em frente à Estação Pinacoteca e ao Memorial da Resistência, no centro de São Paulo (SP). Foto de 2020.

EXPLORANDO NA REDE

Descobrindo a cidade

Nesta atividade, você vai pesquisar espaços públicos que estão presentes no trajeto que você faz de casa até a escola e montar um *audiowalk* com base nessas informações.

1. No trajeto de casa até a escola, observe as construções, ruas, pessoas, monumentos, praças, etc.

2. Anote, no caderno, os elementos que mais chamaram sua atenção durante o trajeto e que podem ser apreciados e valorizados por mais pessoas.

3. Pesquise em *sites* de busca na internet os pontos que você marcou no caderno.

4. Oriente sua busca pelos seguintes tópicos:
   - contexto histórico da construção e desenvolvimento do espaço em questão;
   - características materiais, arquitetônicas e artísticas desse espaço;
   - poemas e textos literários ou jornalísticos que tenham sido escritos sobre o espaço;
   - depoimentos de cidadãos sobre a vivência nesse espaço. Se não for possível encontrar esses depoimentos, entreviste alguma pessoa que circule pelos mesmos lugares que você.

5. Com base nessas informações, escreva um planejamento para seu roteiro de *audiowalk* que preveja:
   - a ordem em que cada espaço deve ser visitado;
   - as informações relevantes que devem acompanhar a visitação a cada espaço;
   - a trilha sonora que deve acompanhar cada momento da caminhada.

6. Por meio do planejamento, produza o roteiro. Lembre-se de guiar, passo a passo, a caminhada de quem escutará seu *audiowalk*.

7. Grave sua voz, lendo e interpretando o roteiro, em um dispositivo eletrônico como um *smartphone*.

8. Se tiver acesso a um *software* de edição de áudio, insira também trilhas sonoras e apresente seu *audiowalk* para a turma.

MÃOS À OBRA

Criando um *audiowalk* para caminhar na cidade

Você aprendeu sobre o uso do *audiowalk* como um recurso para descobrir a cidade, conhecer sua história e seus patrimônios, por meio de uma experiência sonora que leva os transeuntes a observar detalhes que muitas vezes seriam ignorados no cotidiano. Com base no que desenvolveu na seção "Explorando na rede", você vai criar um *audiowalk* sobre a comunidade ao redor da escola, proporcionando novas formas de perceber um trajeto.

Materiais:

- Dispositivos de gravação e reprodução de áudio (gravador ou *smartphone*)
- Fones de ouvido
- Câmera fotográfica (ou *smartphone*)
- Caderno de anotações

Etapa 1 – Determinando o trajeto

1. Organizem-se em grupos de cinco a dez estudantes.
2. Com o(a) professor(a), façam um passeio pelo bairro ou pelo entorno da escola. Nesse passeio, aproveitem para observar objetos e paisagens e identificar possíveis pontos de interesse: praças, edifícios, monumentos, etc.
3. Fotografem os locais e anotem no caderno pensamentos, sensações e informações que se relacionam a esses espaços.
4. Cada grupo deverá produzir um mapa que apresente o trajeto selecionado. Vocês podem usar mapas físicos ou virtuais para auxiliá-los na elaboração e na identificação dos pontos que serão destacados no *audiowalk*. Procurem seguir uma escala e insiram no mapa elementos que ajudem o ouvinte a se localizar.

FABIO EIJI SIRASUMA/ID/BR

5. Uma vez identificados os pontos, façam uma pesquisa sobre eles. Vocês podem consultar a internet ou o jornal do bairro e entrevistar familiares, professores e demais funcionários da escola. Procurem obter informações relevantes e curiosidades sobre os pontos selecionados para o trajeto.

Etapa 2 – Elaborando o áudio

1. Com base nas informações obtidas, vocês devem escrever, como fizeram na seção "Explorando na rede", o roteiro do *audiowalk*. Lembrem-se de que esse texto não precisa ser apenas informativo; ele também pode conter poesias e letras de música, descrever sensações, chamar a atenção para os sons de cada lugar, entre outras possibilidades.

2. Usando um dispositivo de gravação de áudio (gravador ou *smartphone*), leiam em voz alta o texto escrito sobre cada lugar escolhido.

3. Gravem o áudio quantas vezes forem necessárias, sem a preocupação com os erros da leitura, pois eles podem ser corrigidos nas gravações seguintes ou editados. De preferência, escolham um lugar silencioso para a gravação.

4. Vocês podem colocar música ou sons de fundo para criar diferentes atmosferas e sensações, ou adicioná-los posteriormente, caso seja feita uma edição do áudio.

Etapa 3 – Organizando a caminhada

1. Elaborem um mapa com base no áudio gravado. Vocês podem usar mapas já existentes ou desenhar um, usando fotografias e outros elementos visuais.

2. Assinalem no mapa os pontos aos quais o áudio se refere.

3. Disponibilizem a gravação e o mapa em alguma plataforma digital ou até mesmo em uma rede social. Certifiquem-se de que os arquivos estejam ativos e possam ser escutados na íntegra.

4. Enviem o endereço de *download* do áudio e do mapa para o restante da turma.

5. Por fim, realizem a caminhada elaborada em cada proposta de *audiowalk*.

6. Ao retornarem à sala de aula, comentem, em uma roda de conversa, a experiência vivenciada. Vocês podem utilizar anotações, fotos e demais registros capturados durante a caminhada para memorizar e comentar aspectos da vivência.

ARTE DO AMANHÃ

O artista de rua e o direito à cidade

A cidade pertence a quem? Esse é um questionamento bastante atual, pois diferentes grupos sociais e indivíduos interagem com o espaço urbano das mais distintas maneiras. Portanto, para uma convivência justa e igualitária, a cidade deve ser entendida como uma construção pública e coletiva, e os diferentes grupos sociais precisam trocar ideias e reflexões para encontrar soluções sustentáveis de convivência.

1 Leia a seguir uma reportagem sobre o artista de rua Vinicius Porto Trecha e, depois, discuta o texto com o(a) professor(a) e os colegas.

Artista de rua consegue na Justiça o direito de atuar em semáforo em MT

Vinicius e outros artistas foram proibidos de fazer malabarismo na rua. Ele alegou à Justiça que o trabalho garante o sustento da família dele.

Um artista de rua de Alta Floresta, a 800 km de Cuiabá [capital do estado de Mato Grosso], conseguiu uma liminar na Justiça que lhe dá o direito de fazer malabarismo nos semáforos da cidade. Vinicius Porto Trecha afirmou que tinha sido proibido de atuar nas faixas de pedestres dos semáforos [...].

Ele ficou 37 dias sem trabalhar, até que [...] saiu a decisão judicial. O malabarista contou que trabalha nas ruas há cinco anos e que parou depois de ter sido notificado por um supervisor de trânsito [...].

Segundo ele, o supervisor lhe disse que os artistas estavam proibidos de realizar apresentações na rua para não prejudicar o trânsito de pedestres ou de veículos.

[...] O supervisor citado disse que os artistas não podem atrapalhar o trânsito e que não são impedidos de se apresentarem nas ruas. "Os artistas não são proibidos de realizarem as apresentações, no entanto, eles precisam deixar a faixa de pedestres quando o sinal estiver aberto para os veículos e não atrapalhar a ida e vinda dos pedestres", disse.

Na sentença, o juiz [...] diz que não há motivo para que a prefeitura o impedisse de fazer suas apresentações artísticas na rua.

"Em se tratando de expressão de atividade artística, a apresentação do impetrante como 'palhaço' é livre e independe de qualquer tipo de licença prévia", disse, na decisão. A expressão cultural, na avaliação do juiz, só tem razão de existir em meio ao cotidiano da população, que, ao aguardar o sinal abrir, curte a apresentação.

Contudo, o juiz destacou na ação que o artista deve se atentar às regras de trânsito previstas no Artigo 254 do Código Brasileiro de Trânsito, o qual estabelece que o pedestre não pode permanecer ou andar nas pistas de rolamento, exceto para cruzá-las onde for permitido.

"O artista deve observar duas limitações quanto ao fluxo normal do trânsito, devendo limitar sua apresentação para o transcurso do sinal vermelho indicado no semáforo, não podendo andar fora da faixa própria ou nas pistas de rolamento", afirmou o magistrado.

G1 MT. Artista de rua consegue na Justiça o direito de atuar em semáforo em MT. *G1*, 21 mar. 2017. Disponível em: http://g1.globo.com/mato-grosso/noticia/2017/03/artista-de-rua-consegue-na-justica-o-direito-de-atuar-em-semaforo-em-mt.html. Acesso em: 25 fev. 2022.

2 De que maneira a reportagem exemplifica as dinâmicas existentes nos espaços públicos de centros urbanos?

3 Apresente aos colegas seu ponto de vista sobre esse debate e argumente exibindo suas justificativas: Os artistas de rua atrapalham o trânsito da cidade? Eles têm direito à livre expressão artística?

CARLA MORATELLI/ACERVO DA ARTISTA

Vinícius Porto Trecha fazendo malabarismo em uma faixa de pedestres. Cuiabá (MT). Foto de 2016.

4 A leitura da reportagem lhe trouxe um novo olhar sobre o trabalho dos artistas de rua? Converse com os colegas sobre como a forma de se relacionar com o trânsito é questionada por intervenções urbanas como as do artista Vinícius Porto Trecha.

5 Troque com os colegas as experiências que vocês já tiveram ao observar o trabalho de artistas de rua. As perguntas a seguir podem auxiliar na troca de ideias.

- O que chamou sua atenção nas propostas artísticas com as quais vocês tiveram contato?
- Como essas experiências influenciaram na maneira de vivenciar o ambiente onde foram realizadas?

Caso você ou algum colega não tenham experienciado esse tipo de manifestação artística, reflitam, com base nos relatos compartilhados pela turma, sobre como vocês observariam e perceberiam essas propostas artísticas.

2 As artes cênicas e o patrimônio imaterial

As ações cênicas descritas até agora interagem com a cidade e seus patrimônios materiais, ou seja, com edifícios, monumentos, etc. Mas há também manifestações que são imateriais. Como visto na Unidade 1 deste livro, o patrimônio imaterial consiste em práticas e saberes que pertencem à tradição de um povo e contribuem para a formação de sua identidade.

No Brasil, há diversos exemplos de patrimônios imateriais reconhecidos pela Unesco. Um deles é o Círio de Nazaré, que ocorre na cidade de Belém, capital do Pará. Trata-se de uma ação coletiva, com mais de duzentos anos de tradição, em que os devotos de Nossa Senhora de Nazaré tomam as ruas da cidade em procissão.

O portal do Instituto do Patrimônio Histórico e Artístico Nacional (Iphan) descreve as festividades do Círio de Nazaré:

> No Pará, o Círio é o grande momento anual de demonstração de devoção e solidariedade, de reiteração de laços familiares, assim como de manifestação social e política. Reconta, por meio de seu cerimonial religioso, a lenda que envolve o achado, em 1700, da imagem de Nossa Senhora de Nazaré por um caboclo denominado Plácido. [...] A relevância do Círio de Nazaré como manifestação cultural pode ser reconhecida no longo e dinâmico processo que reitera e constrói essa celebração há mais de 200 anos.
>
> Essa celebração foi inscrita na Lista Representativa do Patrimônio Cultural da Humanidade da Unesco, em dezembro de 2013 [...]. Considerado uma das maiores concentrações religiosas do mundo, o Círio tem como ponto alto a procissão da qual participam mais de dois milhões de pessoas do Estado e de diversas partes do Brasil.
>
> Iphan. *Círio de Nossa Senhora de Nazaré - Belém (PA)*. Disponível em: http://portal.iphan.gov.br/pagina/detalhes/55. Acesso em: 14 mar. 2022.

Devotos em procissão do Círio de Nazaré. Belém (PA). Foto de 2019.

FILIPE BISPO/FOTOARENA

Andor: local adornado no qual se transportam imagens sagradas em procissões.

É possível perceber características cênicas da festividade do Círio de Nazaré. Uma delas é a simbologia da procissão que transporta uma imagem de um lugar sagrado a outro. Outra é a vestimenta especial com que os religiosos envolvidos podem se adornar, bem como os enfeites do **andor** no qual a imagem da santa é levada. Carregar a corda é um dos rituais presentes no Círio de Nazaré. A corda acompanha a procissão e segurá-la é um símbolo de fé e devoção para os religiosos.

Isso não quer dizer, porém, que se trata de uma ação cênica ou teatral. O Círio de Nazaré é uma festividade religiosa e de adoração. Estão apontadas apenas algumas características cênicas presentes em grande parte dos rituais que são patrimônio imateriais, como a vestimenta. Não podemos esquecer que a relação entre teatro e rito é bastante forte e está presente desde o surgimento deste último no Ocidente e no Oriente.

Para além do Ciro de Nazaré, que é um patrimônio mundial reconhecido pela Unesco, existem manifestações e saberes protegidos pelo Iphan que são patrimônios nacionais, bem como estaduais ou municipais. Um exemplo de patrimônio imaterial municipal pode ser observado na cidade de Belo Horizonte (MG). Nessa cidade, as artes cênicas são um patrimônio imaterial desde 2014.

OTAVIO HENRIQUES/FOTOARENA

Devotos carregam a corda na procissão do Círio de Nazaré na cidade de Belém (PA). Foto de 2019.

Do Brasil para o mundo

Muitos elementos da cultura popular brasileira e estrangeira são pesquisados por grupos teatrais de todo o mundo para elaborar maneiras de treinar atores e para serem utilizados como material na construção de cenas dramáticas e estudo corporal.

O pesquisador e diretor teatral italiano Eugenio Barba (1936-) foi o principal fundador do teatro antropológico, que, em linhas gerais, entende a formação do ator como um treinamento contínuo que exige rigor e destreza física e vocal. Muitas vezes, ele recorre a danças ou cantos populares como materiais de pesquisa desse treinamento. Os recursos pesquisados por Barba estão relacionados às culturas orientais, principalmente. No entanto, muitos outros grupos inspirados em suas pesquisas voltaram seu olhar para a cultura brasileira, como veremos a seguir.

ARQUIVO DO ODIN TEATRET. FOTOGRAFIA: FIORA BEMPORAD

Eugenio Barba dirigindo o grupo teatral britânico Odin Teatret. Bolonha, Itália. Foto de 1990.

Um exemplo é o grupo Farm in the Cave ("Fazenda na Caverna", na tradução do inglês para o português), da República Tcheca, que realiza pesquisas teatrais incorporando elementos de várias culturas. Segundo o *site* oficial da companhia:

> As *performances* do Farm in the Cave se baseiam no longo trabalho de pesquisa focado na transmissão humana de experiência para além das palavras [...]. O grupo encontra exemplos disso nos legados de minorias culturais, músicas, expressões físicas, atmosferas e fatos conectados a locais específicos.
>
> Farm in the Cave. Perfil. Disponível em: http://farminthecave.com/en/profile/. Acesso em: 25 fev. 2022. (Tradução dos autores especialmente para esta obra).

No espetáculo *The Theatre* ("O Teatro", na tradução do inglês para o português), de 2012, o Farm in the Cave se inspirou em manifestações afro-nordestinas, como o maracatu e o bumba meu boi. Para isso, os artistas estiveram junto aos brincantes dessas festividades por um tempo, aprendendo a dança e a música e, principalmente, convivendo com a cultura do lugar.

No espetáculo, foi reproduzida a força dos passos e das batidas do maracatu de baque solto (ou rural) e do bumba meu boi. Os elementos visuais dessas tradições, como o grande chapéu de fitas, característico do maracatu, e o enredo da peça que gira em torno da morte e da ressureição de um boi, na tradição do bumba meu boi, também estão presentes na montagem da obra.

HANS VON MANTEUFFEL/PULSAR IMAGENS

Brincante utiliza chapéu de fitas durante o maracatu de baque solto. Olinda (PE). Foto de 2015.

GUTO MUNIZ/FOCO IN CENA

Espetáculo teatral *The Theatre,* da companhia Farm in the Cave. Um dos atores utiliza o chapéu de fitas presente no maracatu de baque solto. Belo Horizonte (MG). Foto de 2012.

Atualmente, estudiosos teatrais originários de países que tiveram uma história de colonização, como a Índia, além de nações africanas e latino-americanas, questionam o uso de material tradicional de suas culturas pelo teatro europeu. Há um entendimento de que esse uso descaracteriza tais tradições em sua origem. Essas discussões estão presentes nos congressos nacionais e internacionais das associações de pesquisadores e artistas de teatro.

Por isso, muitas companhias teatrais brasileiras procuram incentivar a utilização da cultura popular nacional em obras teatrais. É o caso do grupo brasileiro Teatro Anônimos, que já utilizou o jongo – uma dança de roda de origem africana, popular na Região Sudeste – como parte de seu treinamento de atores. Outro exemplo é a Companhia Teatral Alegria Alegria, que faz espetáculos de rua desde 1983 e é originária de Natal, no Rio Grande do Norte. Entre seus princípios estéticos e de pesquisa está a presença da cultura popular nordestina como elemento principal de suas montagens.

CHICO FERREIRA/PULSAR IMAGENS

Apresentação do grupo de jongo Núcleo de Arte e Cultura de Campos, em Campos dos Goytacazes (RJ). Foto de 2019.

As pesquisas em teatro têm, portanto, considerado as manifestações culturais populares nos processos criativos dentro das linguagens artísticas, construindo um vocabulário corporal, visual, musical e textual mais amplo.

OUTRAS VOZES

Farm in the Cave e o Brasil

Como foi visto, o grupo Farm in the Cave utiliza elementos de culturas populares de diversos países como material criativo em seus espetáculos e no treinamento de seus atores, bailarinos e músicos. Entre 2007 e 2009, componentes do grupo estiveram no Brasil em diversas ocasiões e se interessaram pela cultura brasileira. Esse interesse motivou o grupo a fazer uma expedição por Pernambuco entre dezembro de 2008 e janeiro de 2009. O objetivo era ter contato direto com o maracatu de baque solto, manifestação cultural popular da zona rural desse estado.

SERGIO LUIZ SILVA/TYBA

Maracatu rural em Olinda (PE). Foto de 2015.

GUTO MUNIZ/FOCO IN CENA

Espetáculo teatral *The Theatre*, da companhia Farm in the Cave. Nesta cena, os atores fazem movimentos inspirados no maracatu rural. Belo Horizonte (MG). Foto de 2012.

1. Leia um fragmento da entrevista de Alício Amaral, ator brasileiro que acompanhou a companhia Farm in the Cave na expedição. Ele descreve como se deu o contato entre o grupo tcheco e os mestres do maracatu rural pernambucano:

> Nós recebemos o grupo e apresentamos alguns mestres [com os quais] a gente trabalhava na pesquisa da nossa companhia. [...] O que a gente fazia: ficamos hospedados na zona da mata e a gente promovia esses encontros com os mestres e trabalhava também algumas vivências com o grupo do Farm e com os mestres juntos. Por exemplo, a gente marcava umas aulas com o Aguinaldo, com Fabinho [Fábio Soares, ator-bailarino], com o pessoal do Maracatu Rural [...]. Foi um período longo que a gente ficou junto, praticamente metade de dezembro e metade de janeiro [...]. Nesse período a gente ficou 24 horas do dia juntos em função disso. Era muita coisa. Acho que muito do que o Viliam [Dočolomanský, diretor do grupo Farm in the Cave] absorveu foi do dia a dia, do contato com as pessoas, das coisas que estavam até fora da brincadeira do que dentro. [...] Não era só uma pesquisa da estética, dos movimentos, era muito mais profundo... era das relações.
>
> Alício Amaral. Em: Juliana Macedo Carneiro. *Corporalidade e musicalidade na poética do estrangeiro do* Farm in the Cave: inspirações brasileiras no espetáculo *The Theatre*. 2013. 126 p. Disssertação (Mestrado em Artes) – UFMG, Belo Horizonte, 2013. p. 60-61.

2. Como foi a relação estabelecida entre o grupo Farm in the Cave e os mestres do maracatu rural durante a expedição?

3. Segundo Alício Amaral, qual foi o aspecto mais importante da vivência para o grupo Farm in the Cave?

4. Analisando a imagem do maracatu rural e a fotografia do *The Theatre* apresentadas nesta seção, você conseguiria relacioná-las, caso não soubesse da expedição realizada pelo grupo em Pernambuco? Justifique sua resposta.

5. Em sua opinião, a expedição do Farm in the Cave foi positiva também para os mestres do maracatu rural? Justifique sua resposta.

TROCANDO IDEIAS

- Com base nas perguntas a seguir, reflita sobre o que foi abordado nesta Unidade e converse com os colegas e o(a) professor(a).

a) Defina o conceito de **intervenção urbana** e exemplifique suas características por meio do trabalho dos coletivos mencionados.

b) Como podemos atuar em nosso cotidiano por meio da arte?

c) De que maneira manifestações culturais populares podem contribuir para a formação de atores e espetáculos teatrais?

EM POUCAS PALAVRAS

Nesta Unidade, você:

- explorou um lugar pela perspectiva da intervenção urbana;
- conheceu as maneiras pelas quais as artes cênicas podem contribuir para a divulgação e a preservação de patrimônios culturais, como os *audiowalks*;
- refletiu sobre a democratização do espaço urbano e o lugar do artista na cidade e na rua;
- reconheceu elementos cênicos em patrimônios imateriais brasileiros;
- identificou os elementos da cultura popular brasileira presentes nas obras de artistas de outros países;
- conheceu o trabalho do grupo Farm in the Cave em sua expedição pelo estado de Pernambuco.

PARA LER, OUVIR E VER

Livros

- ***A brecha*: uma reviravolta quilombola**, de Arquimino dos Santos, Deborah Goldemberg e Jefferson Gonçalves Correia. São Paulo: Estrela Cultural, 2020.

  A obra apresenta, além da luta travada pelos quilombolas por seus direitos, a rica cultura desse grupo, mostrando manifestações afro-brasileiras, como a Festa do Ticumbi, pelos olhos do menino Fred.

- ***O pátio das sombras***, de Mia Couto. Ilustrações de Malangatana. São Paulo: Kapulana, 2018.

  Mia Couto (1955-) é um escritor de Moçambique, país do continente africano onde também se fala português. Sua literatura nos permite conhecer o povo moçambicano, suas crenças e seus costumes. Nessa obra, um menino que vive em uma aldeia descobre um segredo de sua avó. A partir daí, ele aprende uma bela lição sobre a vida e a morte.

REFERENCIAL BIBLIOGRÁFICO COMENTADO

ARAÚJO, Sheila Gomes; SÁ, Jeovânia Ginalva de. História e cultura do povo Kantaruré. *Leetra Indígena*, São Carlos, v. 19, n. 1. Número Especial – Autorias indígenas da e na Bahia, p. 67-73, 2021. Disponível em: https://www.leetraindigena.ufscar.br/index.php/leetraindigena/article/download/46/36. Acesso em: 11 mar. 2022.

Escrito por autoras indígenas, o artigo apresenta aspectos históricos e culturais do povo Kantaruré, cujas aldeias se localizam no município de Glória, no estado da Bahia.

BARBOSA, Yeda (coord.). *Frevo*. Brasília: Iphan, 2016. v. 14. (Dossiê Iphan). Disponível em: http://portal.iphan.gov.br/uploads/ckfinder/arquivos/DossieIphan14_Frevo_web.pdf. Acesso em: 23 fev. 2022.

O volume tem como objetivo tornar amplamente conhecido e valorizado o frevo, bem imaterial reconhecido como Patrimônio Cultural do Brasil. Essa manifestação é considerada tanto em suas dimensões artísticas – música, dança e poesia – quanto nas modalidades em que se subdivide – frevo de rua, frevo de bloco e frevo-canção.

BRITO, Marcelo Sousa. *O teatro que corre nas vias*. [*S. l.*]: SciELO; EDUFBA, 2017. *E-book*.

Nesse livro, o autor aborda a intervenção viária para discutir como o teatro pode fazer o artista e o público se relacionarem com o lugar, considerado por ele um espaço de pertencimento, afeto, trocas e negociações. Para ele, o corpo do artista pode elaborar teatralidades que se apropriam do lugar por meio de intervenções nas ruas e em outras vias da cidade.

CAMPOS, Yussef Daibert Salomão de. *Proposições para o patrimônio cultural*. 3. ed. Rio de Janeiro: Lumen Juris, 2020.

O autor reúne, no livro, estudos sobre história e patrimônio em uma perspectiva que engloba a memória e a identidade, além de elaborar uma série de propostas para lidar com o patrimônio cultural.

CÂNDIDO, Manuelina Maria Duarte; WICHERS, Camila Azevedo de Moraes; COLLAÇO, Janine Helfst Leicht (org.). *Patrimônios culturais*: entre memórias, processos e expressões museais. Goiânia: Imprensa Universitária, 2017.

Nesse livro são apresentados diversos artigos e pesquisas que têm como base a discussão sobre o patrimônio cultural em seu sentido amplo, buscando relações interdisciplinares entre a antropologia e a museologia.

CASTRILLON, Maria de Lourdes Fanaia; BERTOLOTO, José Serafim; FONSECA, José Henrique Monteiro da. Práticas culturais afro-brasileiras na Festa de São Benedito de Cuiabá e de Nossa Senhora do Livramento. *In*: CRUZ, Fernando Vieira da (org.). *Manifestações culturais e arte-educação na América Latina*. Foz do Iguaçu: Claec *e-Books*, 2021. Disponível em: https://publicar.claec.org/index.php/editora/catalog/view/48/48/442-1. Acesso em: 11 mar. 2022.

Os autores destacam a Festa de São Benedito que ocorre em Cuiabá e em Nossa Senhora do Livramento, cidades localizadas no Mato Grosso, e que inclui a dança do congo. A festa é abordada não somente como evento religioso, mas como ocasião de estreitamento de laços de sociabilidade e de afirmação dos símbolos da identidade negra nesse estado.

FERNANDES, Ulysses (org.). *Fulkaxó*: ser e viver Kariri-Xocó. São Paulo: Sesc, 2013.

No livro, são apresentados em detalhes a tradição e o cotidiano do povo indígena Kariri-Xocó, que vive em Porto Real do Colégio (AL). Também há textos, fotografias, receitas culinárias e outros aspectos da vida desse povo.

FREITAS, Dora; FURTADO, Silvia (org.). *Livro dos mestres – o legado dos mestres*: cultura e tradição popular no Ceará. Fortaleza: Fundação Waldemar Alcântara, 2017.

O livro reúne relatos e fotos de 79 mestres da cultura popular tradicional do Ceará.

Maldonado, Maria Tereza. *Nos passos da dança*. Ilustrações de Félix Reiners. São Paulo: Saraiva, 2019.

No livro, é contada a história de quatro jovens – Fernando, Iara, Angélica e Diana – que sonham com o sucesso no mundo da dança, mas enfrentam muitas dificuldades para transformar esse sonho em realidade. A autora explora a dança não apenas como forma de divertimento, mas também como meio de mudança de vida.

Pedrosa, Adriano; Bryan-Wilson, Julia; Ardui, Olivia (org.). *Histórias da dança*: catálogo. São Paulo: Masp 2020.

O catálogo apresenta o eixo que guia a curadoria da programação do Museu de Arte de São Paulo (MASP) em 2020. Está organizado em sete seções: "Improvisação", "Duetos", "Gravidade", "Tensão e resistência", "Treino e composição", "Ritmos e sincronicidades" e "Contra a parede"; cada uma delas é acompanhada de reproduções de obras de arte e de textos críticos sobre a dança, especialmente relacionados à coreografia e ao movimento do corpo no espaço.

Pelegrini, Sandra C. A.; Funari, Pedro Paulo. *O que é patrimônio cultural imaterial*. São Paulo: Brasiliense, 2017. (Coleção Primeiros Passos).

No livro, os autores abordam o que é patrimônio cultural imaterial e sua importância para a construção e a manutenção da identidade de um povo. São oferecidos exemplos e explicações didáticas que auxiliam na compreensão dos conceitos discutidos.

Perbiche, Marcella Pacheco. Dita pra mim?: intervenção urbana no tecnovívio e a poética do cuidado em tempos de isolamento social. *Anais ABRACE*, v. 21, 2021. Disponível em: https://www.publionline.iar.unicamp.br/index.php/abrace/article/view/5133. Acesso em: 10 mar. 2022.

O artigo é o resultado de uma pesquisa cênica sobre a intervenção urbana mediada pela tecnologia como forma de cuidado de pessoas idosas durante o isolamento físico, no período da pandemia de covid-19.

Sesc. *A música dos povos originários do Brasil*: circuito 2019/2020. Rio de Janeiro: Sesc, Departamento Nacional, 2019.

O livro apresenta imagens de diversos instrumentos musicais e sonoros de diferentes povos indígenas do Brasil, além de letras de músicas indígenas na língua original e sua tradução para o português.

Souza, Eric Ferreira de; Calçavara, Lilian Brandt (org.). *Narrativas Karajá*. Palmas: Iphan, 2016.

Obra produzida pelos próprios indígenas Karajá do estado de Tocantins. O projeto tem como ponto de partida a demanda dos professores indígenas da aldeia Santa Isabel do Morro de publicar material sobre as narrativas Karajá.

Souza, Luan Sodré de. Educação musical afrodiaspórica: uma proposta decolonial a partir dos sambas do Recôncavo Baiano. *Revista da Abem*, v. 28, p. 249-266, 2020. Disponível em: http://www.abemeducacaomusical.com.br/revistas/revistaabem/index.php/revistaabem/article/view/917. Acesso em: 11 mar. 2022.

Nesse artigo, o autor apresenta reflexões e propostas para uma educação musical enriquecida pela incorporação da herança cultural negra no Brasil, especialmente os sambas do Recôncavo Baiano.

Storino, Claudia; Siqueira, Vera Beatriz (org.). *Sítio Roberto Burle Marx*. São Paulo: Intermuseus; Rio de Janeiro: Sítio Roberto Burle Marx, 2020.

Livro sobre o Sítio Roberto Burle Marx, localizado em Barra Guaratiba, no Rio de Janeiro (RJ). Esse local é uma importante referência do patrimônio natural brasileiro. O espaço conta com um acervo botânico de mais de 3500 espécies, além de pinturas, gravuras, cerâmicas e outras obras.

Suchodolski, Sergio Gusmão; Gorgulho, Luciane Fernandes (org.). *Preservação do patrimônio cultural brasileiro*. Rio de Janeiro: BNDES, 2016.

No livro, os autores apresentam o levantamento de um conjunto de monumentos brasileiros, contemplando espaços de religiosidade (como capelas, mosteiros e conventos), espaços de espetáculo (como teatros e salas de concerto), bibliotecas e academias, espaços de memória (como museus, cinematecas e arquivos) e espaços públicos (como mercados, praças e parques).